CAMINEMOS
SABIAMENTE

GUÍA PARA EL VIAJE DE LA VIDA

CAMINEMOS SABIAMENTE

GUÍA PARA EL VIAJE DE LA VIDA

CHARLES STANLEY

Thomas Nelson
Since 1798

Betania es un sello de Editorial Caribe, Inc.

© 2002 Editorial Caribe, Inc.
Una división de Thomas Nelson, Inc.
Nashville, TN-Miami, FL, EE.UU.
www.caribebetania.com

Título en inglés: *Walking Wisely*
© 2002 por Charles F. Stanley
Publicado por Thomas Nelson Publishers
Una división de Thomas Nelson, Inc.

A menos que se señale lo contrario, todas las citas bíblicas
son tomadas de la Versión Reina-Valera 1960
© 1960 Sociedades Bíblicas Unidas en América Latina.
Usadas con permiso.

Traductor: Carolina Galán Caballero

ISBN: 0-88113-720-0

Printed in United States

Dedico este libro a Steve Yungerberg,
amigo fiel, leal y devoto, quien me alentó
y ayudó a caminar con sabiduría tanto en las épocas de
adversidad como en las de gozo.

Sabiduría ante todo;
adquiere sabiduría.
—PROVERBIOS 4.7

Contenido

SÓLO HAY DOS FORMAS
DE CAMINAR

Sólo hay dos formas de pasar por esta vida: con sabiduría o sin ella. Sólo hay dos tipos de decisiones: sabias o imprudentes.

En todas las Escrituras, Dios le pide a su pueblo que camine con sabiduría. Su Palabra declara audazmente:

Bienaventurado el hombre que halla la sabiduría,
Y que obtiene la inteligencia;
Porque su ganancia es mejor que la ganancia de la plata,
Y sus frutos más que el oro fino.
Más preciosa es que las piedras preciosas;
Y todo lo que puedes desear, no se puede comparar a ella.
Largura de días está en su mano derecha;
En su izquierda, riquezas y honra.
Sus caminos son caminos deleitosos,

Y todas sus veredas paz.
Ella es árbol de vida a los que de ella echan mano,
Y bienaventurados son los que la retienen (Pr 3.13-18).

No hay nada que el hombre pueda adquirir, ganar o lograr en el ámbito natural que sea tan valioso como la sabiduría. Indudablemente, una de las razones por la que Dios le da tanta importancia es por las altas recompensas que resultan de vivir con sabiduría. Si usted decide caminar sabiamente, lo que puede esperar es esto:

- *Contentamiento*. Traspasa la felicidad y llega al ámbito del gozo puro, basado en un conocimiento perdurable en nuestro espíritu de que nuestra vida tiene un propósito.

- *Valor*. Resulta de creer que Dios está con nosotros en todo momento, en toda situación, y que derrotará al enemigo de nuestras almas, y nos llevará a la plenitud.

- *Confianza*. Nace al saber que Dios nos ama eterna e incondicionalmente.

- *Paz*. Radica en la certeza de que Dios está trabajando en todas las cosas para nuestro beneficio eterno.

- *Progreso*. Basado en la creencia de que el perdón, la misericordia, la renovación y el crecimiento están en el plan de Dios para todos los creyentes.

- *Prosperidad*. Hasta el grado elegido por Dios, al derramar en nuestra vida sus bendiciones espirituales, emocionales y materiales.

La persona que camina sabiamente experimenta la presencia de Dios, su poder, y su aprobación maravillosa e ilimitada.

Por otra parte, si usted elige caminar sin sabiduría, puede estar seguro de que los resultados serán bastante diferentes:

- *Conflicto*. No sólo con otros, sino en nuestra propia alma y mente.

- *Consternación*. Ansiedad, preocupación y temor al futuro, también temor de llegar a la eternidad.

- *Decepción*. La «inquietante» sensación de que la vida es algo más de lo que estamos viviendo.

- *Desilusión*. Amargura y resentimientos internos y persistentes, al pensar que la vida no ha resultado ser lo que uno esperaba o deseaba.

- *Descontento*. Corroe continuamente el alma, y nos impulsa a buscar satisfacción en los apetitos carnales de la naturaleza humana.

Si por norma general una persona elige caminar alejada de la sabiduría, ha de esperar la desaprobación de Dios. Si camina sin sabiduría el suficiente tiempo, y excluye a Dios de su vida hasta el día de la muerte, morirá sin tener a Cristo como su Salvador, y pasará la eternidad separada de Dios.

La verdad de la Palabra de Dios es muy clara: Nunca se pierde si se elige vivir con sabiduría. Siempre se pierde si se elige vivir imprudentemente.

Si las consecuencias son tan claras, ¿por qué la mayoría de la gente, incluyendo a muchos cristianos, no eligen buscar la sabiduría de todo corazón?

Caminar con sabiduría es difícil. No afirmo que sea algo fácil o sin obstáculos. Caminar cada día con sabiduría es uno de los mayores desafíos que puede enfrentar una persona.

La mayoría de los cristianos saben que cuando pasan por tiempos difíciles son sabios y mantienen la vista en el Señor. Pero es difícil no sentir miedo o que nuestra fe no vacile.

La mayoría de los cristianos saben que a la hora de enfrentarse a la tentación, la respuesta sabia es decir «no». Pero es difícil hacerlo si quien nos presenta la tentación es un ser amado, o existe algún tipo de presión social.

La mayoría de los cristianos saben que es sabio perdonar a quien nos ha herido. Pero es difícil hacerlo, sobre todo si el daño emocional, físico o material ha sido grande.

La mayoría de los cristianos saben que es sabio pagar impuestos. Sin embargo, es difícil hacerlo cuando tenemos deudas o estamos pasando por una situación económica mala.

La mayoría de los cristianos saben que es sabio testificar acerca de Jesucristo. Pero es difícil hacerlo cuando eso puede dañar nuestra reputación o nuestra carrera hacia un cargo político.

¿Cómo podemos caminar con sabiduría ante tantas voces que nos gritan que ignoremos la sabiduría de Dios y persigamos nuestros deseos? El objetivo de este libro es responder éstas y más preguntas. La buena noticia es que la Palabra de Dios tiene las respuestas, no sólo a estas preguntas, sino a toda pregunta que alguien pueda tener. La Palabra de Dios nos da respuestas concernientes a nuestras creencias, relaciones y comportamientos en áreas prácticas de la vida. La Biblia es un manual muy amplio para caminar con sabiduría.

Yo le animo a que cuando usted lea este libro, ore continuamente diciendo: «Padre, por favor, dame tu sabiduría». Estoy seguro de que si usted ora con un corazón humilde y sincero, Dios le dará su sabiduría. Él se deleita en darle a usted todas las cosas que al fin y al cabo proporcionan gozo, paz y bendiciones.

CAPÍTULO UNO

EL DESAFÍO DE LA PALABRA DE DIOS: CAMINAR CON SABIDURÍA

Durante un descanso en el ensayo de un desfile de Navidad, un niño se acercó corriendo al pastor y le dijo: «¡Soy uno de los reyes magos!»

«¿De verdad?», le preguntó el pastor. «Parece que estás muy contento por eso».

«Sí, mucho», le contestó el niño con una amplia sonrisa.

«¿Y qué tiene de bueno ser un rey mago?», le preguntó el pastor.

El niño le respondió rápidamente: «Me toca llevar el oro...y no tengo que cargar con ninguna oveja maloliente».

En nuestro mundo de hoy parece que mucha gente tiene ese mismo punto de vista sobre la sabiduría: creen que consiste en la habilidad de «llevar el oro», de llevar una vida placentera y cómoda, y de evitar toda asociación con algo desagradable.

Yo creo que la Palabra de Dios nos encamina a una definición diferente de la sabiduría:

La sabiduría es la capacidad de ver las cosas desde la perspectiva de Dios, y de responder a ellas según los principios bíblicos.

Dicho con otras palabras, la sabiduría consiste en buscar opiniones celestiales en circunstancias terrenales.

Hay cinco razones principales por las que Dios desea que caminemos con sabiduría:

1. Dios desea que lleguemos a ser todo aquello para lo que nos creó. Él espera que desarrollemos y usemos todos los talentos, habilidades y dones que ha puesto en nosotros. Desea que elevemos al máximo nuestro potencial y que nos convirtamos en el hombre o la mujer que diseñó que seamos.

2. Dios desea que realicemos todo el trabajo que ha dispuesto para nosotros. Dios no nos llama a tareas no terminadas o a empresas poco entusiastas. Cuando Dios nos pone ante un desafío, oportunidad u objetivo, espera que lo persigamos con todo el corazón, la mente y el alma, y que tengamos éxito total en el *logro* de aquello que nos llama a hacer.

3. Dios desea que recibamos, experimentemos y disfrutemos de todas las bendiciones que desea derramar en nuestras vidas. Quiere que caminemos sabiamente para que podamos sentir la plenitud de su provisión, tal y como se promete en su Palabra. *Quiere* que obtengamos los frutos que resultan de tomar decisiones sabias. *Quiere* que prosperemos espiritualmente, que gocemos de buena salud física y emocional, que resolvamos todas nuestras necesidades económicas y materiales.

4. Dios desea que nuestras vidas le traigan gloria. Dios quiere que vivamos de forma tal que haya otros que deseen tener a Jesucristo en sus vidas. Una vida necia no le trae gloria a Dios; una vida sabia, sí.

5. Dios desea que evitemos los escollos derivados de una vida

necia. Puede que no tengamos una respuesta rápida a la pregunta «¿cómo se camina con sabiduría?», pero todos nosotros tenemos una idea bastante acertada de por qué la gente actúa con necedad.

Primero, algunas decisiones necias se hacen por ignorancia. Actuamos equivocadamente por falta de conocimiento y, a veces, por no tomarnos tiempo para averiguar lo que *deberíamos* saber antes de embarcarnos en ciertas empresas o de entablar relaciones.

A veces nuestra ignorancia se debe a malos consejos. Le pedimos consejo y dirección a la gente menos idónea. La información que obtenemos en cuanto a qué hacer, pensar, creer o elegir es mala.

A veces ni siquiera se nos ocurre preguntarnos: «¿Estoy actuando sabiamente?» El concepto de sabiduría nunca se nos graba. Pasamos totalmente por alto el hecho de que podemos experimentar sabiduría o de que deberíamos buscarla.

Segundo, muchas de las decisiones necias se basan en la gratificación de uno mismo. La ley de la autogratificación dice: «Quiero lo que quiero...cuando quiera...como quiera...tan a menudo como quiera...hasta el grado que quiera».

Tercero, algunas acciones necias son la respuesta de la presión social o de nuestros conocidos. El mundo no valora la sabiduría, y la mayoría de la gente decide seguir la corriente. Mucha gente da por hecho que como «todos lo hacen», hay ciertos comportamientos o decisiones que deben ser aceptables, por lo menos hasta cierto grado. Nunca se paran a cuestionarse si un cierto comportamiento es sabio o necio; lo único que hacen es reaccionar ante la vida de la misma forma que la gente que los rodea.

En general, los seres humanos queremos estar entretenidos y

satisfechos en mucho mayor grado de lo que deseamos un desafío. Queremos tomar el camino más fácil porque hacer otra cosa exige esfuerzo, cambio y disciplina.

EL JUEGO ABSURDO DEL NECIO

El juego del necio es creer: «Puedo vivir mi vida a mi manera y ganar». Tal vida está marcada por la rebelión, la desobediencia y el orgullo. Dios claramente no va a bendecir o recompensar tal estilo de vida.

Usted puede tener un montón de diplomas, experiencia, trasfondo, credenciales, logros, notoriedad, fama, fortuna y recompensas, pero si usted rechaza a Dios en su vida, aún juega el juego del necio. Lo más importante que usted puede hacer es recibir a Jesucristo como su Salvador personal.

UNA CITA INEVITABLE

Sólo los necios evitan, niegan, ignoran y aplazan decisiones que son inevitables. Una de esas decisiones involucra la eternidad. Usted va a morir. La Biblia dice: «Y de la manera que está establecido para los hombres que mueran una sola vez, y después de esto el juicio» (He 9.27).

Puede que usted no crea que haya un juicio después de la muerte, pero ciertamente sí tiene que creer que se enfrentará con la muerte. No hay más que mirar a nuestro alrededor con un poco de objetividad para darnos cuenta de que nunca hemos conocido a una persona de doscientos años. La muerte no es un suceso de quizás, tal vez, podría ser, sino algo inevitable en la vida de todas las personas. Aun los que presencien la segunda venida de Cristo pasarán por algún tipo de cambio o transformación que será tan definitivo como la muerte. Una persona *sabia* le hace frente a lo que es inevitable en la vida, sobre todo, a lo inevitable de la muerte.

UN JUICIO INEVITABLE

¿Qué pasa con lo inevitable del juicio de Dios? Piense en esto: si usted contempla la creación de Dios en su totalidad, ¿hay *algo* que haya sido creado sin plan o propósito? El mundo de la naturaleza nos proporciona miles, millones, quizás billones de ejemplos de causa y efecto, acción y reacción, comportamiento y consecuencia. Lo único racional es llegar a la conclusión de que Dios, quien creó todo en este universo, y estableció todas las leyes naturales para gobernarlo, tiene un propósito para la vida del hombre, que incluye causa y efecto, acción y reacción, comportamiento y consecuencia. Lo que lleguemos a ser en la vida, y lo que hagamos en ella, está sujeto a la evaluación divina, no sólo diaria, sino también eternamente.

A todos nos espera un juicio después de la muerte. Sólo un necio ignoraría este hecho o no se prepararía para una evaluación divina de su vida.

RECHAZO DIARIO DEL PLAN DE DIOS

Cuando hablo de rechazar a Dios, por supuesto que no me refiero sólo a la oferta de salvación de Dios y a una vida eterna por medio de Jesucristo. Hay muchos creyentes que rechazan a Dios en su vida diaria, ignorando sus mandamientos, sus parámetros morales y los sabios consejos de su Palabra. Pasan por alto las instancias y los impulsos del Espíritu Santo. Se limitan a tratar de vivir según sus propias fuerzas y habilidades. Confían en sus currículos, recursos e intelecto para los tiempos difíciles. Y al rechazar a Dios de estas formas, que con frecuencia son sutiles, rutinarias y socialmente aceptables, también están haciéndole el juego al necio.

Cada vez que alguien le pone límites al papel de Dios en su vida, o compromete los mandamientos de Dios, esa persona le está rechazando. Por cierto, la gran mayoría de la gente no reconoce que camina neciamente hasta que sufre las consecuencias de comportamientos y decisiones equivocados.

LA PREGUNTA QUE SIGUE AL ERROR: «¿QUÉ SUCEDIÓ?»

La gente se queda perpleja o asombrada ante las consecuencias de sus vidas. Parece que se sorprenden genuinamente al sufrir consecuencias negativas como resultado de decisiones poco sabias. Preguntan: «¿Qué pasó? ¿Qué hice para merecer esto?»

La gente no suele prestarle atención a la salud hasta que ya está enferma. No piensa en sus finanzas hasta que llega a la jubilación y no tiene suficientes fondos, o se enfrenta a la bancarrota, o no puede redimir una hipoteca porque sus gastos superaron sus ingresos.

No se preocupa por la educación de sus hijos hasta que alguno de ellos va por mal camino o toma una decisión equivocada. No piensa en sus relaciones con otros hasta que se ven metidos en alguna discusión interminable o en un callejón sin salida.

¿Qué sucedió? Es cierto que todos somos responsables de tomar nuestras propias decisiones, pero ¿involucramos a Dios en ellas?

¿Le pedimos todos a Dios que nos revele su sabiduría con respecto a algún asunto antes de actuar o hablar? No. No tomamos precauciones positivas o medidas preventivas. En otros casos la persona decide asociarse con gente que influye para mal, no para bien.

Las decisiones necias suelen producir una «bola de nieve», que lleva a más decisiones necias. Una mala decisión nos lleva a otra mala decisión, y el precio que se paga es muy alto.

Dios desea una forma mejor

El apóstol Pablo les escribió a los efesios este desafío de Dios:

> Mirad, pues, con diligencia cómo andéis, no como necios sino como sabios, aprovechando bien el tiempo, porque los días son malos. Por tanto, no seáis insensatos, sino entendidos de cuál sea la voluntad del Señor (Ef 5.15-17).

En estos dos versículos Dios deja muy claras tres cosas:

1. Debemos decidirnos a buscar la sabiduría. Es cosa de cada uno de nosotros determinar cómo pasaremos por la vida. La sabiduría no es algo con lo que uno se tropieza, o que adquiere automáticamente; hay que buscarla y perseguirla.

2. Debemos buscar el plan de Dios. Quien camina con sabiduría es consciente de su vida, de cómo afecta a su mundo, y de cómo el mundo lo afecta a él. Reconoce que todas las personas tienen que enfrentarse a tres enemigos durante la vida: el sistema del mundo, la carne, y el demonio. Esta persona trata de conocer los planes y propósitos de Dios, no sólo para su vida personal, sino también para cada situación que involucre a la gente que está a su alrededor.

Dios promete que todos los que aman la sabiduría y la buscan, la encontrarán. La propia «Sabiduría» habla en Proverbios 8.17, diciendo: «Yo amo a los que me aman, y me hallan los que temprano me buscan». Jesús se hizo eco de esto al decir: «Pedid, y se os dará; buscad, y hallaréis; llamad, y se os abrirá. Porque todo aquel que pide, recibe; el que busca, halla; y al que llama, se le abrirá» (Mt 7.8).

3. Debemos actuar con responsabilidad, aplicando la sabiduría a nuestras vidas. Quien camina con sabiduría se siente responsable de sus actos y de su uso del tiempo. Sabe que se le ha dado una cantidad limitada de minutos, horas, días, meses y años. Sabe que debe ocupar esas horas de la forma más provechosa. También sabe que Dios le ha confiado ciertos recursos materiales que debe usar para llevar a cabo al máximo los propósitos de Dios en la tierra.

Se nos llama a ser sabios en todas las decisiones de nuestra vida. Necesitamos la sabiduría de Dios en los negocios, la salud, las relaciones, la paternidad, las finanzas y en nuestra relación con Él. No hay ningún área de nuestra vida que se escape a esa necesidad de sabiduría, o que quede fuera de los límites de la sabiduría de Dios, o que se ignore por la Palabra de Dios. La sabiduría de Dios se puede aplicar de buen grado a cada una de las decisiones que tomamos, cada relación que tenemos, cada emoción que sentimos, cada opinión que defendemos, y cada idea o desafío que perseguimos.

Y más aún, la persona que camina sabiamente es profundamente consciente del enemigo de su alma que trata de esclavizarla, de las tentaciones que lo persiguen, y del sistema del mundo que parece atraparlo. Vive su vida con sobriedad y precaución, diciendo «no» a *todo* lo que socave el potencial para recibir las bendiciones más altas de Dios.

La sabiduría es algo que elegimos para vivir. No es una entidad vaga. La sabiduría se relaciona con el mundo concreto, material, tangible y real. Es una *forma* de abordar toda relación, decisión, problema u oportunidad, así como cada circunstancia vital.

El título de este libro es *Caminemos sabiamente*. Quiero hacer hincapié en la palabra *caminemos*. En la vida caminamos por dos senderos congruentes y simultáneos: caminamos *con* Dios y caminamos *con* las otras personas. Necesitamos sabiduría primordialmente acerca de *cómo* caminar sabiamente en nuestra relación con Dios y crecer en nuestra relación con Él. Necesitamos la sabiduría de Dios acerca de *cómo* construir relaciones profundas, duraderas, con propósito y centradas en Dios. Aunque es cierto que necesitamos las mejores estrategias de Dios para tratar con otras áreas prácticas de la vida, estas dos áreas de la sabiduría son fundamentales para cada persona, cada día. Concentrémonos en estas áreas. Si caminamos con sabiduría con Dios y con los otros, es probable que conozcamos, apliquemos y vivamos la sabiduría de Dios también en todas las demás circunstancias.

LA SABIDURÍA ESTÁ DISPONIBLE PARA TODOS

La buena noticia sobre la sabiduría de Dios es ésta: cualquier persona *puede* convertirse en sabia. Eso no se puede decir de la fama, la fortuna o la educación. No todos tienen la habilidad intelectual para obtener títulos universitarios. No todos tienen talento o atributos que contribuyan a la fama. No todos tienen la habilidad y oportunidades necesarias para hacer una fortuna.

Pero todos pueden reverenciar a Dios, todos pueden recibir a

Cristo como Salvador, y todos pueden someter diariamente su vida a Dios. *Cualquier* persona puede llegar a ser sabia.

¿Quiere aceptar usted el desafío de Dios para llegar a ser una persona sabia y caminar diariamente en su sabiduría?

CAPÍTULO DOS

SABIDURÍA TERRENAL FRENTE A SABIDURÍA DIVINA

Si alguien le preguntara hoy: «¿Es .usted una persona sabia?», ¿qué le respondería?

Mucha gente diría: «Bueno, la verdad es que me gustaría serlo».

Hay gente que cree que los sabios están recluidos en torres de marfil, consideran que la sabiduría no es más que una función del intelecto, o un poder cerebral, que se aplican a asuntos como los de la filosofía, la teología o la sicología. Hay otros que piensan que una persona sabia debe ser entrada en años. Y hay quien cree que ser sabio es algo bueno, pero que resultaría presuntuoso admitirlo. En el fondo, se consideran sabios, pero son reacios a decirlo porque les preocupa que otros piensen algo raro de ellos.

Si usted se considera una persona sabia, ¿en qué se basa para llegar a esa conclusión?

DOS TIPOS DE SABIDURÍA MUY DIFERENTES

El m2undo y la Palabra de Dios presentan dos formas de sabiduría muy diferentes. Desde la perspectiva de Dios, la sabiduría terrenal (sabiduría humana o sabiduría natural) se basa en la naturaleza caída del hombre. La sabiduría divina (sabiduría espiritual) se basa en la nueva «naturaleza» del hombre, que se obtiene con el nuevo nacimiento espiritual (2 Co 5.17).

Toda la sabiduría divina comienza con reverencia, entendiendo quién es nuestro Dios soberano y poderoso, y a partir de ese entendimiento, rindiéndole a Él nuestra voluntad y comportamiento. No existe ninguna otra base sobre la cual fundamentar la auténtica sabiduría.

Puede que alguien diga: «¿Quiere decir usted que con toda mi formación y experiencia no puedo ser sabio si no recibo el perdón de Dios por mis pecados e involucro a Dios en mi vida?» ¡Sí, exactamente eso es lo que quiero decir! Y no lo digo basándome en mi propio entendimiento humano, sino que esto es lo que dice la Palabra de Dios. Separado de Dios ningún ser humano *puede* funcionar con sabiduría.

EL FUNDAMENTO PARA CAMINAR CON SABIDURÍA

Proverbios 9.10 nos dice: «El temor de Jehová es el principio de la sabiduría, y el conocimiento del Santísimo es la inteligencia». «Temor» en este versículo quiere decir reverencia a Dios. Los que temen a Dios se someten a Él. Entienden hasta cierto punto que Dios es omnisciente (todo lo sabe), omnipotente (todo lo puede), omnipresente (está presente en todos los momentos y por toda la eternidad), y todo amor; y que ellos no lo son. Admiran a Dios, y se maravillan ante Él, porque es todo, tiene todo, y controla todo, tiene cuidado, ama, bendice y se acerca al ser humano. Temer a Dios

16

no es temer el juicio de Dios; es considerar el hecho de que Dios tiene toda autoridad para juzgar y perdonar, para mostrar misericordia y para otorgarnos su gracia abundantemente.

El crecimiento espiritual lo obtienen aquellos que aceptan a Jesucristo como su Salvador, se comprometen a seguir a Dios en obediencia, tratan de desarrollar una relación con Él, lo reverencian, y caminan sometiéndose a Él y escuchando al Espíritu Santo.

Permítame hacerle unas preguntas...

¿Es usted más sabio que Dios, su Creador, a la hora de saber cómo vivir una vida exitosa en esta tierra?

¿Es usted más sabio que Dios, quien formó su cuerpo, cuando se trata de saber cómo vivir con buena salud?

¿Es usted más sabio que Dios, quien hizo que usted naciera en un lugar y en un momento concretos, de una pareja de padres específicos, rodeado de unas circunstancias determinadas, a la hora de desarrollar un plan y propósito para su vida?

¿Es usted más sabio que Dios, quien creó todos los recursos naturales y todo lo que de verdad tiene valor en esta tierra, a la hora de saber cómo manejar sus finanzas y recursos materiales?

¿Es usted más sabio que Dios, quien creó la naturaleza humana, cuando se trata de saber cómo desarrollar y mantener buenas relaciones?

¿Quién podría ser tan necio como para decir que es más sabio que el Creador y Rey soberano de este universo? Qué arrogancia tan ridícula es decirle a Dios a la cara: «Yo sé más que tú. Yo sé las cosas mejor que tú. Mi idea es mejor que la tuya».

Apropiación de la visión ilimitada de Dios para nuestras vidas

La sabiduría es la capacidad de ver las cosas desde la perspectiva de Dios. Una vez le preguntamos a un niño si sabía el significado de la Palabra *omnisciente*. Nos dijo: «Sí, mi mamá me enseñó esa Palabra. Significa que Dios conoce todas las cosas sobre todas las cosas». No puedo mejorar esa definición.

Dios sabe lo que sentimos, lo que pensamos, quiénes somos, y cómo funcionamos. Sabe lo que nos gusta y lo que nos disgusta. Conoce nuestros sueños, deseos, temores y heridas. Sabe qué cosas nos traen gozo, paz y plenitud. Por ser nuestro «Hacedor», conoce todos los detalles de nuestro «maquillaje».

Dios también conoce todos los detalles sobre todas las circunstancias con las que nos enfrentamos. Ve el principio y el fin, así como todos los pasos intermedios.

La sabiduría terrenal es limitada. Se suele basar en lo mejor que la colectividad humana ha sido capaz de concluir o descifrar. La sabiduría terrenal dice: «Esta es la forma en que hombres y mujeres actuaron, respondieron, y vivieron en todas las épocas». La sabiduría terrenal llega a esta conclusión: «Esto es lo que funciona». La sabiduría terrenal puede ser muy limitada, y suele estar llena de parcialidad, prejuicios y deseos personales.

La sabiduría de Dios, por el contrario, es ilimitada. Se basa en lo que Dios ve cuando contempla el pasado y el futuro. Se basa en la visión global de toda vida o circunstancia. La sabiduría de Dios dice: «Esta es mi forma de hacer que el hombre actúe, responda y tenga éxito». La sabiduría de Dios concluye: «Esto es lo que Dios quiere». Si queremos ser sabios tenemos que ver las cosas desde la perspectiva de Dios. Tenemos que conseguir el toque de Dios para cada situación. No sólo tenemos que preguntarnos «¿Cómo ve esto Dios?», sino también: «¿Qué quiere Dios que haga yo? ¿Cuándo? ¿Cómo? ¿Con quién? ¿Con qué propósito?» Hemos de tratar de ver nuestras vidas como parte del plan de Dios, de sus propósitos y de sus deseos. La Biblia lo explica claramente:

> El que confía en su propio corazón es necio; mas el que camina en sabiduría será librado (Pr 28.26).

LOS CUATRO ERRORES PRINCIPALES DE LA SABIDURÍA TERRENAL

La sabiduría terrenal se basa en estas cuatro conclusiones erróneas:

1. La sabiduría se limita a la mente humana.
2. La sabiduría se basa en lo que podamos percibir con los cinco sentidos.
3. La sabiduría es hacer lo que colectivamente se define como racional y probable.
4. La sabiduría consiste en hacer «cualquier cosa que funcione».

La verdad de Dios sobre la sabiduría es totalmente opuesta a cada una de estas conclusiones construidas humanamente.

LA SABIDURÍA DE DIOS: EL CONOCIMIENTO DEL HOMBRE NO BASTA

Vivimos en la llamada era de la información. Hoy en día tenemos más información de la que podemos procesar y usar. Los que tenemos computadoras en el hogar disponemos de más información de la que podríamos acceder con tan sólo hacer varios clics. Aún cuando tratemos de relajarnos, la información nos persigue: localizadores, llamadas telefónicas, el sonido de la televisión, y las computadoras anunciando que hay mensajes electrónicos nuevos que esperan respuesta.

Con toda esa información, ¿hemos crecido en sabiduría? No. No hay más que echarle un vistazo a la historia política reciente para llegar a la conclusión de que el conocimiento y la sabiduría son dos cosas diferentes. Hay muchas personas con grandes conocimientos que trabajan para nuestro gobierno. Cada una de ellas hace de la tarea de su vida informarse sobre ciertas materias, así como también acerca de historia, economía, y leyes. Pero ¿viven siempre de forma sabia?, ¿aprueban siempre leyes acordes a la Palabra de Dios?, ¿viven siempre vidas con un nivel moral conforme a la voluntad de Dios?

Piense un momento en nuestro sistema educativo. Ha sido desarrollado a lo largo de los años por gente que se considera poseedora de los conocimientos más altos en materias de sicología infantil, desarrollo infantil, planes de estudio, métodos educativos y recursos de información. Pero ¿se entrena a nuestros niños en sabiduría?, ¿se involucra a Dios en su proceso de aprendizaje?, ¿se enfatiza el comportamiento piadoso?, ¿se enfatiza la fe? Por lo general, no.

Las personas muy dotadas intelectualmente no son necesariamente sabias. Como tampoco lo son aquellos que desarrollaron sus habilidades y talentos naturales hasta el máximo, ni los que tienen las «mejores relaciones» del mundo, ni los que amasaron fortunas fabulosas, o los que han pasado la vida tratando de tener la mejor salud posible. No debemos asumir la idea de que con información o conocimiento nos convertiremos en personas sabias.

Más aún, en ningún pasaje de las Escrituras vemos que Dios recompense el conocimiento elevado. Sin embargo, una y otra vez vemos que Dios llama a su gente a que crezca en sabiduría, y promete recompensar a los que caminan de acuerdo a principios piadosos.

El lugar idóneo para el conocimiento y el entendimiento. El conocimiento es algo que se adquiere mediante el estudio mental y la observación. El conocimiento es importante; yo no estoy tratando en absoluto de denigrar el valor del conocimiento. Todo el conocimiento es un don de Dios. Dios nos permite conocer, descubrir y crecer en conocimiento. Sin lugar a dudas, el conocimiento de las Escrituras, que se adquiere mediante el estudio, es vital para nuestro crecimiento espiritual. Lo mismo el conocimiento del comportamiento piadoso, que se obtiene al observar las vidas de cristianos fuertes.

Pero el conocimiento es limitado. Nadie puede saber todo lo que hay que saber acerca de cierto tema, persona o situación. Siempre hay algo desconocido y sin descubrir.

Al Espíritu Santo le corresponde descorrer las cortinas de nuestro entendimiento. El Espíritu Santo nos revela sutilmente por qué suceden ciertas cosas, y cómo se pueden resolver ciertas situaciones. El Espíritu Santo nos proporciona ideas profundas sobre los mandamientos y preceptos de Dios, así como sobre las bendiciones que resultan de seguirlos.

La Biblia declara: «Adquiere sabiduría, adquiere inteligencia» (Pr 4.5). Se trata de dos cosas diferentes. La inteligencia se basa en la adquisición del conocimiento. Es un proceso de análisis, selección y definición. Por el contrario, la sabiduría es un proceso de aplicación.

El entendimiento nos dice lo que está sucediendo; la sabiduría nos dice por qué sucede. El entendimiento nos da los hechos; la sabiduría nos dice qué hacer con ellos. El entendimiento se enfoca en cómo resolver un problema; la sabiduría nos dice cuál es la solución, cómo y cuándo.

¿Las personas sabias conocen todo? No, pero creo firmemente que sólo alguien sabio puede usar el conocimiento hasta el máximo. Una persona sabia es capaz de determinar qué hechos, conceptos, principios o procedimientos se deben usar en una situación dada. Una persona sabia conoce los criterios de la Palabra de Dios para hacer inversiones económicas con éxito, para cuidar bien de la salud, y para tener relaciones exitosas. Una persona sabia sabe cómo aplicar lo que aprende.

A lo largo de mi vida he conocido a muchas personas sabias que recibieron muy poca educación formal. Pero aún así, tenían una gran habilidad para discernir, percibir y entender los principios de Dios, y ciertas decisiones que tomaron sabiamente los llevaron a convertirse en individuos poderosos, influyentes, exitosos, y en algunos casos, adinerados.

He conocido a un gran número de hombres y mujeres piadosos que nunca fueron al seminario, jamás aprendieron griego o hebreo, ni estudiaron teología. Sin embargo, viven según la sabiduría de Dios, y logran mucho para Dios en esta tierra. Predican sermones basados en la Biblia, se involucran en trabajos misioneros innovadores, le enseñan a sus hijos cómo amar a Dios, y ganan a sus vecinos para Cristo. Su recompensa será grande, aún cuando nunca obtuvieron un diploma en religión, ni ganaron cierta reputación para el ministerio a los ojos del hombre.

Por otra parte, también he conocido a un gran número de personas con un alto nivel educativo, con muchos logros, mucho talento, mucha información, que han tomado decisiones absurdas en sus vidas, y el resultado ha sido una catástrofe para ellos y sus familias.

LA SABIDURÍA DE DIOS: DISCERNIMIENTO QUE TRANSCIENDE LOS CINCO SENTIDOS

El mundo dice que la sabiduría se basa en lo que una persona puede percibir por medio de los sentidos. La sabiduría de Dios nos propone caminar en el poder del Espíritu Santo, que no se limita en absoluto a los cinco sentidos.

El Espíritu Santo le permite a una persona discernir lo que no se dice y manifiesta inmediatamente. El Espíritu Santo nos da un «sexto sentido» para saber distinguir la verdad de la mentira, la realidad de la ficción, lo falso de lo verdadero, independientemente de las palabras que se puedan haber dicho, o de las tentadoras imágenes que se hayan presentado.

La persona que camina en sabiduría divina tiene un «sentido» o intuición proporcionado por el Espíritu Santo, el cual vive en cada creyente. Creo firmemente que la persona que funciona en sabiduría divina alcanza a ver más allá que el ser humano promedio...a oír más que el ser humano promedio...a entender más que el ser humano promedio. Esta habilidad fluye directamente del Espíritu Santo que trabaja en nosotros.

No podría contar el gran número de veces que he oído a hombres y mujeres de Dios decirme: «Comencé a hacer algo, y de repente tuve esa sensación muy dentro de mí, diciéndome que esperara...o que hiciera algo diferente...o que consiguiera información adicional». Esa «sensación» que tiene el creyente es el Espíritu Santo que trabaja guardándonos, guiándonos y llevándonos al centro del camino de Dios para que caminemos en él.

La sabiduría terrenal que se basa en los cinco sentidos humanos puede producir confusión. Lo que alguien ve, otro no lo ve. Lo que alguien oye, otro no lo oye.

La sabiduría terrenal nos lleva muchas veces a una perspectiva desviada, sobre todo si se basa en una percepción colectiva. Grandes masas de gente pueden llegar a la conclusión de que ven, sienten, oyen o perciben una mentira.

El resultado de la defectuosa percepción humana muchas veces nos lleva a proponer metas inaccesibles o improductivas para las cosas que realmente cuentan para la eternidad.

Por el contrario, la sabiduría dada por el Espíritu Santo cosecha claridad y precisión. Nos lleva a expandir la habilidad, a tener una perspectiva correcta, y a proponernos metas reales y productivas, centradas en las cosas más importantes para el beneficio eterno.

La presencia del Espíritu Santo hace aumentar la habilidad de una persona para percibir, de forma que la persona «ve» la vida en el contexto de la eternidad. La persona que camina con sabiduría divina no toma decisiones basadas en la apariencia de las cosas en un momento dado. Lo que percibe se contrasta con la plantilla del entendimiento y voluntad celestiales.

El discernimiento es especialmente importante en épocas de crisis. Incluso la gente no piadosa reconoce que en épocas de crisis o de catástrofes naturales la gente no piensa con claridad. Cuando estamos sufriendo una intensa presión emocional o estamos bajo limitación de tiempo se nos nubla la percepción. En las épocas de crisis es cuando más necesitamos que el poder de discernimiento del Espíritu Santo trabaje en nuestras vidas.

Es cierto que a ninguno de nosotros le salen siempre bien todas las cosas. Todos pasamos por crisis y calamidades, pero la sabiduría de Dios nos ayuda a caminar en tiempos de dificultades, problemas, sufrimientos y persecución, y a salir de ellos más fortalecidos.

La historia de Job en la Biblia es un ejemplo de esto. Job sufrió profundamente: perdió su familia, su fortuna, su reputación y su salud, pero al final sometió todo a la sabiduría de Dios; la escritura nos dice: «Y bendijo Jehová el postrer estado de Job más que el primero» (Job 42.12). A Job se le restituyó la familia, la fortuna y la salud, y después de ese tiempo de sufrimiento vivió ciento cuarenta años y «vio a sus hijos, y a los hijos de sus hijos, hasta la cuarta generación» (Job 42.16).

Si elegimos seguir la sabiduría de Dios en los tiempos difíciles siempre ganaremos. Puede que suframos pérdidas materiales, económicas o de relaciones, e incluso la muerte, pero si confiamos en que el Espíritu Santo nos dará sabiduría, lo que ganamos al otro lado de las pruebas de la vida es mucho mejor que cualquier cosa que hayamos perdido. Si somos obedientes en las pruebas, y no morimos, con frecuencia seremos recompensados muy generosamente.

Saldremos de las pruebas más fortalecidos en nuestra fe, más fuertes en nuestra confianza en el Señor, más valientes en nuestro testimonio, y más libres en nuestro espíritu. Si nos decidimos a buscar la sabiduría, aun cuando la prueba sea grave, saldremos beneficiados de la persecución, el sufrimiento o las dificultades. Dios usará esa experiencia en nuestras vidas para refinarnos, fortalecernos y traernos a una plenitud. Usará esto para conformarnos más a la semejanza de Jesucristo. Puede contar con ello (Romanos 8.29).

LA SABIDURÍA DE DIOS: LOS CAMINOS DE DIOS SON MÁS ALTOS QUE LOS CAMINOS DEL HOMBRE

La sabiduría terrenal se basa en la creencia de que todo lo concerniente a la vida se puede entender, racionalizar y probar científicamente. Yo no me opongo en absoluto al pensamiento científico o racional, pero también estoy convencido de que la Palabra de Dios nos dice que Dios se mueve por caminos que son misteriosos para los hombres. La ciencia nunca puede probar qué es lo que causa que una persona se enamore. Ni puede probar lo que le pasa a una persona después de la muerte. No puede medir la extensión o profundidad del amor y la misericordia de Dios. No puede descifrar o racionalizar profundamente los impulsos que motivan al corazón del hombre. Dios dice simplemente en su Palabra: «Porque mis pensamientos no son vuestros pensamientos, ni vuestros caminos son mis caminos...Como son más altos los cielos que la tierra, así son mis caminos más altos que vuestros caminos, y mis pensamientos más que vuestros pensamientos» (Isaías 55.8-9).

El apóstol Pablo era poderoso debatiendo. Parece que disfrutaba metiéndose en controversias y discusiones con los que no creían en Cristo Jesús. Les animaba a pensar, a ver las cosas de forma diferente, y a confrontar el desafío del evangelio. Escribió esto para los corintios:

Porque la palabra de la cruz es locura a los que se pierden; pero a los que se salvan, esto es, a nosotros, es poder de Dios. Porque está escrito: Destruiré la sabiduría de los sabios, Y desecharé el entendimiento de los entendidos (1 Co 1.18,19).

Pablo sabía que a los incrédulos del mundo griego el mensaje de la salvación les parecía absurdo. No podían entender que un carpintero y maestro judío pudiera ser crucificado en una cruz romana, morir, ser enterrado, y después resucitar de entre los muertos con un propósito divino. No podían concebir la idea de que Dios pudiera sacrificar a su propio Hijo para perdonar y reconciliar a los seres humanos pecadores con Él. No había manera de que comprendieran que Cristo había ascendido a los cielos y que regresaría un día.

Si usted descarta totalmente a Dios de su vida, el mensaje del evangelio no tiene sentido. Por otra parte, una vez que recibe a Jesucristo como su Salvador personal, el evangelio tiene mucho sentido.

Más aún, Dios dice que algún día se destruirá toda la sabiduría de los que se consideran sabios y prudentes en esta tierra. Se convertirá en nada. Ninguno de los hechos, conceptos, principios o procedimientos que aprendamos sobre este mundo natural o sobre la naturaleza humana serán necesarios en la eternidad. Nada de la información que adquiramos en este mundo, o las habilidades tangibles que desarrollemos para adquirir, mantener y hacer avanzar nuestras vidas en esta tierra servirán para nada en la eternidad. La sabiduría de este mundo no tiene capacidad para llevar a una persona de esta vida a la próxima. Pablo también les escribió a los Corintios:

¿Dónde está el sabio? ¿Dónde el escriba? ¿Dónde está el disputador de este siglo? ¿No ha enloquecido Dios la sabiduría del mundo? Pues ya que en la sabiduría de Dios, el mundo no conoció a Dios mediante la sabiduría, agradó a Dios salvar a los creyentes por la locura de la predicación (1 Co 1.20,21).

En toda la historia del mundo no hay nadie que haya llegado a un salvador conocimiento de Dios mediante sus propios esfuerzos intelectuales o buenas obras. La Biblia es muy clara en este punto. Dios se revela al hombre, le da fe para creer en Jesucristo, y afirma que lo único necesario para la salvación es nuestra fe (ver Efesios 2.8-9).

Pablo concluyó diciendo:

> Porque los judíos piden señales, y los griegos buscan sabiduría; pero nosotros predicamos a Cristo crucificado, para los judíos ciertamente tropezadero, y para los gentiles locura; mas para los llamados, así judíos como griegos, Cristo poder de Dios, y sabiduría de Dios. Porque lo insensato de Dios es más sabio que los hombres, y lo débil de Dios es más fuerte que los hombres (1 Co 1.22-25).

Los judíos concebían la religión como la revelación de Dios a su pueblo mediante milagros, señales y maravillas. Para los griegos, la religión era algo intelectual y mental, era filosofía. Pero ni los milagros ni la filosofía le servían a nadie para salvarse de las consecuencias de sus pecados personales o para restaurar su relación con Dios. Dios envió a su Hijo unigénito a esta tierra para morir en la cruz como sacrificio único, definitivo, reparador, final y necesario para quitar los pecados de la humanidad.

Para un incrédulo no tiene sentido que el Hijo de Dios muriera de una forma tan cruel e innoble, acompañada de vergüenza pública, para que un día nosotros resucitemos de entre los muertos y vivamos eternamente.

Para un incrédulo no tiene sentido creer que Jesucristo es el único camino para recibir el perdón completo de toda la culpa y la vergüenza causadas por el pecado, para tener vida eterna y para conocer plenamente a Dios.

Para la persona que funciona según la sabiduría terrenal no tiene sentido que Dios le exija al hombre un cambio de mentalidad, y no un cambio de comportamiento, y que sólo por medio de la presencia del Espíritu Santo el corazón pueda cambiar realmente.

Pero el apóstol Pablo proclamó que este es el método que Dios eligió. ¿Quién tiene la autoridad y el privilegio de elegir el método? Dios. ¿Quién tiene poder para juzgar, basándose en el método prescrito por Él? Dios. ¿Quién tiene sabiduría para hacer lo que es acertado para el hombre y para llevar a cabo Sus propósitos en la tierra? ¡Dios!

Con la excepción del cristianismo, todas las otras religiones de esta tierra tienen un sistema por medio del cual el hombre puede lograr la justicia o la iluminación espiritual con sus propios esfuerzos, poder e intelecto. Todas las otras religiones tienen una serie de ritos o reglas que hay que seguir para llegar a un estado de justicia o santidad.

Todas las otras religiones presentan objetivos espirituales que se alcanzan según cuánto dé o trabaje una persona, según lo que haga, según observe los ritos, y según la profundidad con que crea que sus obras y oraciones serán suficientes. No hay confianza en una relación con Dios, paz interior, o seguridad de vida eterna.

Dios se ha manifestado en carne humana sólo en el cristianismo, en Jesús encarnado, nacido de una virgen, quien vivió una vida humana y natural, y murió físicamente colgado entre dos ladrones.

Solamente en el cristianismo Dios se acerca totalmente al hombre, diciendo: «Lo único que quiero de ti es que creas en mi Hijo Jesucristo, y tendrás vida eterna» (Juan 3.16).

Sólo en el cristianismo Dios ha dicho: «Yo haré todo el trabajo: la muerte, el sacrificio, los ritos, la salvación, la regeneración, la renovación; todo lo que te pido es que recibas lo que he hecho y lo que te ofrezco, ya que los puedes aplicar a tu vida».

Al hombre natural, anclado en su orgullo y arrogancia, le parece demasiado simple «creer y ser salvo». Al hombre natural, que desea ganar y lograr algo que le haga sentirse más importante, le parece demasiado humilde «inclinarse» ante Dios y «ser libre del dominio del pecado».

Para el hombre natural Dios tendría que haber colocado a su Hijo en un trono, y no en una cruz. Para el hombre natural Dios tendría que haberle dado larga vida a su Hijo, y no tres cortos años de ministerio y después la muerte. Para el hombre natural Dios debió inspirar a su Hijo a escribir una declaración doctrinal, un libro de reglas, o un plan de estudios para estudiar y memorizar; no a predicar un simple mensaje: «Cree y recibirás».

Sea como sea, por muy absurdo que le parezca al hombre no redimido, Dios eligió revelar su poder y sabiduría por medio de Cristo. Allí donde termina el entendimiento humano, comienza el entendimiento divino; allí donde termina el poder del hombre, tiene lugar el poder de Dios. Dios es el único que controla todo, no sólo los hechos del mundo natural, político, el curso de la historia y los hechos humanos. También controla todas las cosas del ámbito espiritual. Dios es el único que tiene toda la autoridad, poder y sabiduría para ordenar las reglas, establecer el proceso para obtener el perdón y para garantizar la vida eterna, y darles dones espirituales a la humanidad.

LA SABIDURÍA DE DIOS: EL MÉTODO DE DIOS ES EL QUE MEJORES RESULTADOS DA

La sabiduría terrenal proclama: «Haz lo que funcione». Hablando en términos generales, se considera que lo que da resultado es lo que da más dinero, fama o poder. Por desgracia, tenemos miles de ejemplos de fracasos morales tras algo que «da resultados».

Considere lo que ha sucedido con la industria del ocio durante los últimos cincuenta años. Los programas de televisión, las grabaciones musicales, las películas, los juegos de vídeo, las presentaciones teatrales y los conciertos en vivo, todos han crecido en sensualidad, en presentar comportamientos sexuales explícitos, han aumentado la violencia, y presentan con frecuencia efectos especiales que muestran un mundo de fantasía. La industria del ocio se ha convertido en algo cada vez más oculto, con más y más temas de terror, fenómenos paranormales, criaturas sobrenaturales, poderes demoníacos y fuerzas del mal. Los mensajes que hoy día nos lanza el ocio son un reflejo del fanático apetito del hombre por cosas que son cada vez más sensuales, más y más poderosas, y más y más «de otros mundos». Quizá sean el máximo ejemplo en nuestro mundo de sabiduría terrenal.

Parece que estos mensajes dan resultado porque producen dinero y catapultan a cierta gente hacia la fama. Pero ¿qué está trabajando en el ámbito espiritual o moral? No hay nada que funcione para darle a la gente las cosas que el dinero no puede comprar, y que toda persona, al fin y al cabo, desea: amor, plenitud, gozo, paz y seguridad de vida eterna. La sabiduría de Dios proclama: el camino de Dios es el único que da resultados de verdad.

LA SABIDURÍA TERRENAL Y LA SABIDURÍA DE DIOS PRODUCEN RESULTADOS DIFERENTES

Échele un vistazo al resultado final de la sabiduría humana y de la divina. Son muy diferentes. La sabiduría divina produce en el corazón humano y en las relaciones humanas frutos muy diferentes de los que produce la sabiduría divina. Lea lo que escribió Santiago sobre esto:

> ¿Quién es sabio y entendido entre vosotros? Muestre por la buena conducta sus obras en sabia mansedumbre. Pero si tenéis celos amargos y contención en vuestro corazón, no os jactéis, ni mintáis contra la verdad; porque esta sabiduría no es la que desciende de lo alto, sino terrenal, animal, diabólica. Porque donde hay celos y contención, allí hay perturbación y toda obra perversa.

Pero la sabiduría que es de lo alto es primeramente pura; después pacífica, amable, benigna, llena de misericordia y de buenos frutos, sin incertidumbre ni hipocresía. Y el fruto de justicia se siembra en paz para aquellos que hacen la paz (Santiago 3.13-18).

Qué contraste tan agudo entre la sabiduría terrena y la divina. El contraste se deduce en base a los resultados:

- La sabiduría terrenal resulta en luchas de poder, construcción de reinos personales, codicia, envidia, avaricia y espíritu combativo. Tal y como escribió Santiago, en la sabiduría terrenal existe «contención».

- La sabiduría terrenal resulta en un impulso profundo a satisfacer los anhelos y deseos personales. Los resultados son adicciones, obsesiones y, a fin de cuentas, confusión sobre lo que es correcto o incorrecto moralmente.

- La sabiduría terrenal está bajo la influencia del maligno. Los resultados son blasfemia, herejías, justificación de los propios pecados, y errores espirituales.

Juan escribió en su primera epístola: «Porque todo lo que hay en el mundo, los deseos de la carne, los deseos de los ojos, y la vanagloria de la vida, no proviene del Padre, sino del mundo. Y el mundo pasa, y sus deseos; pero el que hace la voluntad de Dios permanece para siempre (1 Juan 2.16,17).

Los conceptos son los mismos: Los «deseos de la carne» se refiere a las cosas que son sensuales. Los «deseos de los ojos» se refiere a las cosas que se basan en el orgullo, la avaricia y el hambre de poder personal y prestigio. El «orgullo de la vida» se refiere al deseo del hombre de ser número uno y ejercer su voluntad y autoridad en vez de someterse a la autoridad de Dios.

Si usted quiere saber si una cosa se basa en la sabiduría terrenal o en la divina, no tiene más que echarle un vistazo a los resultados. Échele un vistazo a los frutos. Todo lo que se basa en la sabiduría terrenal trae como resultado enfrentamientos, confusión acerca del bien y el mal, y todo de tipo de comportamientos malignos.

Y ¿qué pasa con la sabiduría divina? La sabiduría divina se caracteriza por...

- *pureza.* La sabiduría de Dios produce comportamientos que son moralmente puros, castos y modestos.

- *paz.* La sabiduría de Dios produce relaciones, no alejamiento.

- *amabilidad.* La sabiduría de Dios no exige hacer las cosas a su manera, sino que funciona por influencia. Alienta y consuela, ofrece esperanza al tiempo que convence, y guía, no fuerza, a una persona hacia Dios.

- *deseo de someterse a Dios.* La sabiduría de Dios no se basa en el orgullo, sino en el servicio. La persona que funciona según la sabiduría divina hará todo lo posible para ayudar, ministrar, considerar, bendecir y cuidar de otros.

- *misericordia y buenos frutos.* La sabiduría de Dios se caracteriza por la amabilidad, la generosidad y la buena disposición. Los que caminan con sabiduría son dadores, no codiciosos recibidores.

Más aún, estos resultados de la sabiduría divina funcionan...

- *sin parcialidad.* La sabiduría de Dios opera sin prejuicios de raza, color, trasfondo, nivel económico y cultural, posición social, edad o sexo.

- *sin hipocresía.* Cuando la sabiduría divina opera hay una coherencia en lo que una persona cree, dice y hace. Hay integridad, honestidad y transparencia.

La sabiduría terrenal está limitada a la habilidad del hombre para percibir, sentir, aprender, entender, crear y controlar. La sabiduría terrenal consiste en «hacer lo que resulte natural», y lo que resulta natural a la humanidad no redimida es lo que satisface los sentidos, alimenta el orgullo humano y fomenta la avaricia. La sabiduría terrenal nunca puede superar la naturaleza caída del hombre.

La sabiduría de Dios se caracteriza por la habilidad de Dios para trabajar por medio de la humanidad. Tal y como proclamó Pablo: «Todo lo puedo en Cristo que me fortalece» (Fil 4.13). Cuando le permitimos a Dios trabajar en nosotros y por medio de nosotros, entonces aumenta poderosamente nuestra habilidad para percibir, sentir, aprender, entender, crear y manejar los recursos vitales.

La sabiduría de Dios consiste en hacer aquello a lo que nos impulsa el Espíritu Santo. El resultado es algo agradable a Dios y, a fin de cuentas, algo beneficioso para el hombre.

La sabiduría de Dios nos llama a elevarnos por encima de nuestra propia naturaleza, y a funcionar según la presencia y el poder del Espíritu Santo. No es que el hombre llegue a ser igual que Dios, sino que puede ser un recipiente usado por Dios para traer bendición a esta tierra.

Debemos elegir la sabiduría de Dios

La sabiduría de Dios no está automáticamente en nosotros. Debemos decidirnos por ella. Debemos invitar a Dios a que nos guíe hacia su camino y hacia su plan. Debemos preguntarnos continuamente:

- ¿Es una decisión sensata?

- ¿Es un uso sabio de mis talentos, dones, habilidades o recursos?

- ¿Es sensato involucrarme en esta relación?

- ¿Es una forma sabia de vivir según el propósito de Dios para mi vida?

Al hacernos estas preguntas debemos buscar y escuchar la respuesta de Dios. Debemos pedirle sabiduría a Dios con una oración: «Señor, dame tu respuesta».

CAPÍTULO TRES

OCHO ASOMBROSOS Y MARAVILLOSOS BENEFICIOS DE LA SABIDURÍA

Quien busca trabajo en el mercado laboral de hoy no sólo se suele preocupar de los requerimientos y el salario de cierto empleo, sino también de los beneficios y ventajas que le reportará. A la gente le preocupa saber qué va a recibir a cambio de su esfuerzo, habilidades y creatividad. Es un motivo de preocupación justificado.

¿Se ha preguntado usted alguna vez algo semejante acerca de los beneficios que resultan de seguir a Jesucristo? ¡El plan benéfico de Dios es completamente fantástico! Los que aceptan a Jesucristo como su Salvador personal obtienen dos beneficios muy importantes: el perdón de los pecados y la vida eterna. No se puede pedir más.

También son tremendos los beneficios diarios de seguir a Cristo: guía, provisión, protección, consuelo, ayuda para resolver problemas, así como un fluir de la presencia de Dios.

¿Se ha hecho usted alguna vez esta pregunta concreta: «¿Cuáles son las ventajas de buscar la sabiduría de Dios?» La Palabra de Dios nos da una respuesta muy clara.¡La sabiduría produce ocho beneficios realmente asombrosos y maravillosos!

BENEFICIO #1: MEJOR CONOCIMIENTO DE DIOS

El beneficio supremo de los que caminan en la sabiduría divina es crecer en el conocimiento de Dios. En Proverbios leemos:

> Si como a la plata la buscares
> Y la escudriñares como a tesoros,
> Entonces entenderás el temor de Jehová
> Y hallarás el conocimiento de Dios (Pr 2.4,5).

Reflexione sobre las últimas veinticuatro horas de su vida. ¿De qué forma trabajó Dios en usted, mediante usted, y en torno a usted en las vidas de otros? ¿Qué le reveló Dios acerca de sí mismo, sobre usted mismo, sobre su relación con Él, y sobre su relación con otros?

¿En qué medida siente usted que está respondiendo o actuando de acuerdo a la Palabra de Dios? ¿Se siente usted convencido en su espíritu de haber respondido de forma acertada a situaciones o a personas que no guardaban los mandatos y principios de Dios? ¿En qué sentido cree usted que su actitud o su comportamiento pudieron ser más parecidos a los de Jesucristo?

La persona que desea caminar con sabiduría reflexiona con frecuencia acerca de su propia relación con el Señor, y acerca de cómo el Señor desea trabajar en su vida. Desea agradar al Señor, crecer en su relación con Él, y sentir su presencia en todo momento.

Cuando caminamos con sabiduría vemos la mano de Dios en

cada vuelta del camino. Sabemos que está con nosotros, nos familiarizamos con su voz cada vez más...con sus impulsos...con su guía. No es sólo que lleguemos a conocer más de Dios, sino que llegamos a conocerlo más profunda e íntimamente.

Cuanto mejor lleguemos a conocer a Dios, tanto más aprenderemos sobre su forma de actuar, sobre lo que desea hacer en nuestras vidas y en las vidas de otros, y sobre sus planes para el bien eterno de la humanidad. Vamos a sentir el pulso de Dios. Las cosas que decepcionan a Dios serán las mismas que nos decepcionan a nosotros. Lo que le trae gozo al cielo es lo mismo que nos traerá gozo a nosotros. Lo que le preocupa al Señor es lo que nos va a preocupar a nosotros. Llegaremos a ver las cosas desde la perspectiva de Dios, y vamos a crecer en nuestro deseo de amar a otros de la misma forma que lo hace Dios.

A medida que crecemos en nuestro conocimiento de Dios y de sus caminos vamos a entender mejor cuánto nos ama Dios, cuánto desea bendecirnos, y cuánto desea usarnos para bendecir a otros.

Le aseguro una cosa: cuanto más llegue usted a captar, aunque sólo sea un atisbo, lo mucho que lo ama Dios, y los deseos que tiene de que todas las cosas de esta vida operen para nuestro beneficio eterno, se va a sentir bendecido de forma increíble y maravillosa. Conocer a Dios es un beneficio tremendo.

BENEFICIO #2: GUÍA CLARA DE PARTE DE DIOS

Los que caminan en sabiduría reciben direcciones claras de Dios para sus vidas. Se les ahorran muchos errores y comienzos equivocados. Se les evitan decisiones equivocadas o involucrarse en relaciones problemáticas. Se desvían menos en la vida, y tienen menos obstáculos en su camino.

Nunca pierda de vista el hecho de que Dios ve nuestra vida de forma global. Él nos conoce por fuera y por dentro. Conoce nuestros pensamientos, nuestros sentimientos, nuestro maquillaje físico. Conoce nuestro pasado, nuestro presente y nuestro futuro. Conoce nuestros talentos naturales, nuestras experiencias, nuestros dones espirituales. Dios ve la totalidad de lo que somos, de lo que somos llamados a hacer, y de la situación que enfrentamos justo ahora. Cuanto más vea usted su vida desde la perspectiva divina más fuerte será su habilidad para discernir el camino recto.

No es sólo que Dios lo ame completamente, sino que también sabe lo que desea hacer en usted y por medio de usted. Sabe con precisión cuál debería ser nuestro siguiente paso, las palabras que deberíamos decir, y el siguiente encuentro que tendremos.

No existe nadie tan capacitado como Dios para guiar nuestros pasos y para llevarnos por el camino correcto. Las Escrituras nos lo dicen:

> Oye, hijo mío, y recibe mis razones,
> Y se te multiplicarán años de vida.
> Por el camino de la sabiduría te he encaminado,
> Y por veredas derechas te he hecho andar.
> Cuando anduvieres, no se estrecharán tus pasos,
> y si corrieres, no tropezarás (Pr 4.10-12).

Qué alegría proporciona caminar hacia el destino de Dios sin sufrir tropiezos, retrocesos, empujones o escollos de ningún tipo.

42

Qué alegría produce correr hacia la plenitud de los propósitos de Dios para nuestra vida, sin caer ni tropezar nunca.

Dios desea guardarnos y guiarnos en cada paso y en cada momento del día.

CUANDO IGNORAMOS LA GUÍA DE DIOS

Digámoslo de forma clara y simple, aquellos que deliberadamente rechazan o ignoran la guía de Dios van camino de tener problemas. También se van a topar con la disciplina de Dios. Proverbios 10.13 advierte: «En los labios del prudente se halla sabiduría; mas la vara es para las espaldas del falto de cordura». A los que rechazan la dirección de Dios les espera la disciplina.

¿Por qué disciplina Dios a su pueblo? ¡Para hacerlos volver a una posición en que pueda bendecirlos! Dios no se deleita en la disciplina. No es un Dios castigador y abusivo. Dios disciplina a su pueblo para corregirlo, de modo que no tenga que sufrir las consecuencias de su rebeldía, pecado o error. Su amor por nosotros y su deseo de bendecirnos le impulsan a tomar acciones que nos mantengan alejados de la autodestrucción.

Proverbios 10.14 nos da una advertencia algo diferente: «Los sabios guardan la sabiduría; mas la boca del necio es calamidad cercana». Los que hablan con sabiduría terrenal e ignoran la guía de Dios en su discurso van encaminados a destruirse a sí mismos. Sus palabras les harán daño. Dios nos castiga para que no digamos cosas que se puedan volver contra nosotros, que puedan herirnos o atormentarnos. En Proverbios 3.5,6 tenemos esta maravillosa promesa:

Fíate de Jehová de todo tu corazón,

Y no te apoyes en tu propia prudencia.

Reconócelo en todos tus caminos,

Y él enderezará tus sendas.

Enderezar nuestro camino significa que Dios hará nuestro sendero más suave o recto. En otras palabras, Dios limpiará el camino para nosotros. Nos guiará de forma clara para que podamos reconocer y entender. La Palabra de Dios también dice:

Hijo mío, no se aparten estas cosas de tus ojos;

Guarda la ley y el consejo,

Y serán vida para tu alma,

Y gracia a tu cuello.

Entonces andarás por tu camino confiadamente,

Y tu pie no tropezará.

Cuando te acuestes, no tendrás temor,

Sino que te acostarás, y tu sueño será grato.

No tendrás temor de pavor repentino,

Ni de la ruina de los impíos cuando viniere,

Porque Jehová será tu confianza,

Y él preservará tu pie de quedar preso (Pr 3.21-26).

El Señor nos proporciona un sentimiento inagotable de seguridad y confianza. La guía del Señor nos lleva a vivir sin temor, aun hasta el punto de poder dormir profundamente. Seguro que usted conoce a muchas personas, e incluso puede ser que usted sea una de ellas, que se pasan parte de la noche despiertas, preocupadas por el día siguiente, o dándole vueltas a los sucesos del día anterior. Cuando seguimos la sabiduría de Dios, Él nos libra de la preocupación, y podemos descansar confiados en su poder para sanar o enmendar cualquier cosa de nuestra vida que no marche bien.

Cuando deseamos caminar según la sabiduría divina podemos estar seguros de que el Señor está siempre con nosotros. No nos permitirá involucrarnos en ninguna situación o circunstancia que no haya anticipado o que pretenda usar para nuestro bien.

BENEFICIO #3: PROTECCIÓN DIVINA

Cuando caminamos con la sabiduría de Dios tenemos la protección de Dios contra el mal. Dicho muy específicamente, la sabiduría de Dios nos sirve para protegernos del mal, de la gente que nos incita a él, de cometer errores serios y de confiar en emociones caprichosas.

EL MAL

Dios desea protegernos de todo tipo de cosas dañinas, desde sustancias que nos hacen daño, hasta situaciones peligrosas, pasando por ambientes terribles y circunstancias que nos pueden destrozar. La sabiduría de Dios nos guía a alejarnos del mal todo lo posible.

Hay mucha gente que parece caminar lo más cerca posible del borde. Quieren tomar todo lo que puedan del mundo, sin llegar realmente a cometer pecados graves. Coquetean con el mal, la diversión o las emociones, pensando que esto hace quizá más interesante la vida. Pero la Palabra de Dios nos llama a alejarnos del mal tanto como podamos. Debemos apartarnos de él en el mayor grado posible, huir de él, rechazarlo completamente, y evitarlo en la medida de nuestras posibilidades. La Palabra de Dios dice:

El simple todo lo cree;

Mas el avisado mira bien sus pasos.

El sabio teme y se aparta del mal;

Mas el insensato se muestra insolente y confiado (Pr 14.15,16).

Las personas que tratan de incitarnos al mal

Hay veces en que el maligno nos tienta directamente, pero en otras ocasiones es la propia gente la que nos incita a participar en actividades malignas o a ir a lugares donde abunda el mal. Nadie que le incite a usted al mal es su amigo. Esa persona debería considerarse como enemiga, ya que trata de llevarle a usted a situaciones que al final le harán sufrir o perder algo.

He conocido a algunos que se sienten atraídos hacia personas malignas. Las consideran interesantes, emocionantes, intrigantes. Buscan de forma consciente a los que viven en el «lado salvaje» o están comprometidos con el pecado, muchas veces porque desean secretamente experimentar el pecado de forma indirecta. La sabiduría de Dios nos pide que nos alejemos de las personas malignas. No pase usted tiempo con ellos, no los escuche, no les ría los chistes, no siga sus consejos, no entre en conversaciones coquetas con ellos, ni trate de cultivar su amistad. La Palabra de Dios es muy clara en este punto:

Cuando la sabiduría entrare en tu corazón,

Y la ciencia fuere grata a tu alma,

La discreción te guardará;

Te preservará la inteligencia,

Para librarte del mal camino,

De los hombres que hablan perversidades,

Que dejan los caminos derechos,

Para andar por sendas tenebrosas,

Que se alegran haciendo el mal,

Que se huelgan en las perversidades del vicio;

Cuyas veredas son torcidas,

Y torcidos sus caminos.

Serás librado de la mujer extraña,

De la ajena que halaga con sus palabras,

La cual abandona al compañero de su juventud,

Y se olvida del pacto de su Dios.

Por lo cual su casa está inclinada a la muerte,

Y sus veredas hacia los muertos (Pr 2.10-18).

ERRORES SERIOS

La mayor parte de nosotros cometemos errores porque no sabemos cuál es la decisión acertada. No decimos conscientemente: «Ahora voy a cometer un error». Lo que suele pasar es que cometemos errores por ser descuidados con respecto a las necesidades o deseos de otros, por no hacerles las preguntas adecuadas, o por no tomar en consideración todos los factores que hay que tener en cuenta.

En la mayoría de los casos nuestros errores no nos afectan a nosotros solos; casi siempre hay otros involucrados. Por cierto, muchas veces llegamos a saber que hemos cometido un error porque hay alguien que nos lo dice. Si perseguimos la sabiduría divina, Dios nos llevará a decisiones acertadas, justas, equitativas y buenas no sólo para nosotros, sino también para todos los que estén involucrados. La Palabra de Dios dice:

Es el que guarda las veredas del juicio,

Y preserva el camino de sus santos.

Entonces entenderás justicia, juicio

Y equidad y todo buen camino (Pr 2.8,9).

Emociones caprichosas

Hoy día hay mucha gente que camina según se siente en un momento dado. Viven sus vidas según sus emociones. El problema es que las emociones vienen y van. Una persona puede estar feliz un día y triste al siguiente. Una persona se puede sentir de cierta manera con respecto a otra persona, a una situación o a una emoción durante una semana, y de forma totalmente opuesta durante la semana siguiente. Los que viven en una montaña rusa emocional con frecuencia se desvían hacia la calamidad. ¡Y los que viven con una persona que viaja en una montaña rusa viven con frecuencia en un estado de frustración!

La Biblia nos dice que el corazón del hombre es engañoso y perverso (Jeremías 17.9). Abandonados a nuestros propios mecanismos tendemos a mentirnos a nosotros mismos, nos engañamos a nosotros mismos escuchando aquello que deseamos oír, haciendo lo que le place a nuestros sentidos, y buscando lo que nos trae felicidad.

En la búsqueda de lo que la gente cree que les dará emociones positivas de paz, gozo y amor, muchas veces se encuentran yendo a sitios, haciendo cosas y consumiendo sustancias que, al final, les proporcionan cualquier cosa menos paz, gozo y amor duraderos. No hay nada gozoso en un local de prostitución, en un sitio donde se consumen drogas y alcohol en grandes cantidades, en un lugar donde se planean crímenes, o donde la gente está enojada, rebelde o fuera de control.

Cuando tratamos de vivir según la sabiduría de Dios le decimos a nuestras emociones: «Yo camino por fe, no por vista. No quiero basar cada decisión en mis sentimientos, o en cómo creo que me hará sentir una determinada decisión que tome. Quiero caminar según dice la Palabra de Dios. Voy a confiar en la guía del Espíritu Santo, y no en mis deseos, impulsos o emociones».

Por favor, no crea que yo me opongo a las emociones. Dios nos hizo con emociones, y éstas tienen su lugar en nuestras vidas. Dios nos dio emociones para motivarnos a la acción, para enmendar las cosas malas que vemos, para expresar nuestro gozo al ver cómo trabaja en nuestras vidas, y para relajar la tensión y el estrés. Pero Dios nunca pretendió que viviéramos basándonos en nuestras emociones. Quiere que vivamos según una voluntad que esté sujeta a la suya.

Las emociones tienden a subir o bajar de temperatura. Las emociones acaloradas suelen llevar al enojo, que a su vez puede llevar a enfrentamientos y conflictos que recorren toda la gama desde el abuso a los vecinos hasta las guerras internacionales, pasando por las peleas de bandas callejeras. Las emociones frías crean un ambiente lleno de tensión, alejamiento y, con frecuencia, amargura y odio.

En el polo opuesto de los que viven según sus emociones, los que viven según la sabiduría de Dios se acercan a otros con amor; no porque siempre sientan amor o deseos de entregarse, sino porque viven en obediencia al mandamiento de Dios de amar a otros. Las palabras y acciones amorosas producen relaciones, amistad, camaradería, y altos valores morales, todo lo cual es evidencia de apoyo mutuo. Los que cuentan con un círculo de amigos y de familiares que los aman se sienten seguros y protegidos. Y no es que sólo se sientan así, sino que *están* seguros y protegidos.

Y lo que es cierto para las relaciones humanas también lo es para nuestra relación con el Señor. Cuando dejamos a un lado cualquier tipo de sentimiento de enojo que tengamos contra el Señor...cuando deponemos nuestros sentimientos de distanciamiento y amargura contra Dios...y cuando decidimos recibir al Señor en nuestras vidas y vivir conforme a sus amorosos mandamientos y principios...obtendremos seguridad y protección divinas. El Señor se convierte en nuestra roca, nuestra fortaleza, nuestro puerto seguro y nuestro refugio en la tormenta.

La Palabra de Dios nos advierte:

> Adquiere sabiduría, adquiere inteligencia;
> No te olvides ni te apartes de las razones de mi boca;
> No la dejes, y ella te guardará;
> Ámala, y te conservará (Pr 4.5,6).

> El que confía en su propio corazón es necio;
> mas el que camina en sabiduría será librado (Pr 28.26).

Permítame ponerles un ejemplo de estos tres primeros beneficios en acción. Hace poco conocí a un hombre joven, cuya esposa lo abandonó. Se fue de repente, haciéndole mucho daño, llevándose todo el dinero de su cuenta bancaria común, y acusándolo de violencia y abuso, todas acusaciones infundadas. En realidad, ella había experimentado la violencia y el abuso en su infancia y en sus relaciones anteriores. Y ella misma tendía a ser la violenta abusadora.

Esta mujer vivía por emociones. Un día estaba «arriba», y al otro día estaba «abajo». Un día era muy amable, y el otro día estaba enojada. Apenas había abandonado su hogar cuando empezaron a aparecer los problemas en su vida. Se sentía deprimida y llena de ansiedad y temor. Comenzó a buscar consuelo en bares, algo que no había hecho en bastantes años. Se gastó miles de dólares en cuestión de semanas, viajando a lugares muy lejanos de su hogar y gastando dinero en cosas que sinceramente esperaba que le otorgaran una buena autoestima, pero que al final la dejaron al borde del agotamiento y la pobreza.

Cuando llamaba por teléfono a su esposo usaba un lenguaje obsceno y confuso. Decía con frecuencia: «No sé qué hacer. No sé a dónde ir». Y, por supuesto, decía que todo era culpa de él.

Yo le pregunté a este hombre cómo estaba reaccionando ante su ausencia y sus acusaciones. Su respuesta fue muy simple: «Estoy refugiándome en Dios».

«¿Refugiándome en Dios?», le pregunté.

«Sí», me dijo.«Estoy adentrándome más y más en la Palabra de Dios. Y estoy pasando incluso más tiempo en oración. Busco consejos sabios con una humillación que nunca había tenido antes. Me mantengo en compañerismo cercano con amigos temerosos de Dios».

«¿Y cuál es el resultado de todo esto?», le pregunté.

«El resultado ha sido asombroso, siento paz en el corazón, me acuesto y me levanto en paz, me siento rodeado de la protección de Dios. Hace varias semanas tuve que ir al juicio y tenía cierto miedo de lo que pudiera pasar, sobre todo al tener en cuenta que mi esposa me acusaba de todo tipo de abusos que realmente nunca se dieron en nuestra relación. Entre su testimonio y el mío el juez convocó a un descanso de una hora para almorzar. Yo me pasé orando la mayor parte de esa hora. Cuando regresamos a la sala, de repente su abogado pidió la reconciliación. Todos los cargos de abuso contra mí fueron retirados, y ni siquiera tuve que pasar al estrado».

«¿Siente que Dios lo está guiando?», le pregunté.

«Absolutamente. No me ha dicho totalmente lo que debo hacer, pero me ha mostrado los pasos correctos que debo dar cuando me enfrentaba a cada punto de la crisis. Me dio valor para exigir que mi esposa tomara consejería cristiana antes de que los dos volvamos a vivir bajo el mismo techo. Me ha guiado a exigir una contabilidad completa del dinero que se llevó. Me ha mostrado que Él quiere ser quien nos sane a cada uno de nosotros individualmente».

«¿Ha aprendido más sobre Dios con esta experiencia?», le pregunté.

«Él está aquí. Puedo contar con eso. Él está aquí mismo». Al decir estas palabras, los ojos se le llenaron de lágrimas. «Nunca he sentido a Dios tan cercano como durante estos tres meses».

¿Este joven caminaba en sabiduría? Sí. Y durante el proceso crecía en su conocimiento de Dios, sentía el amor de Dios, su ternura y su presencia inagotable. Recibía una guía clara de parte de Dios. Y era protegido poderosamente.

BENEFICIO #4: PODER Y FUERZA DE DIOS

Cuando buscamos la sabiduría divina Dios nos otorga la habilidad de ver la situación desde su perspectiva, que es ésta: Él tiene poder y habilidad para compensar cada una de nuestras áreas débiles. Nos capacita para hacer lo que no podemos por nuestras propias fuerzas.

La persona que camina con sabiduría llega a esta conclusión: «No hay nada que sea demasiado grande...demasiado difícil...demasiado problemático...para impedir que Dios actúe». Puede que a nosotros los problemas nos parezcan tan grandes como montañas, pero vistos desde la perspectiva de Dios, esos mismos problemas son más ligeros que una pluma. La Palabra de Dios nos asegura:

> El hombre sabio es fuerte,
>
> Y de pujante vigor el hombre docto.
>
> Porque con ingenio harás la guerra,
>
> Y en la multitud de consejeros está la victoria (Pr 24.5,6).

¿Qué significa «harás la guerra»? Tenemos que reconocer que el enemigo de nuestras almas está detrás de cada problema serio o prueba por la que pasamos. No quiero decir que el maligno sea quien cause todos los problemas a los que nos enfrentamos; algunos de nuestros problemas se deben a nuestra propia rebelión, error o pecado. Pero sea como sea, el maligno está alerta en cualquier problema o dificultad para aprovecharse de la situación. Si le damos la más ligera abertura en la puerta, entrará fragoroso y vengativo. El maligno aprovecha cada oportunidad que tiene para matar, destruir y hurtar (Juan 10.10).

El diablo trata de robar nuestra integridad, destruir nuestro testimonio para Cristo, saquear nuestras posesiones, estorbar nuestra relación con Cristo, apagar el amor en nuestras relaciones familiares y amistosas, dividir nuestras iglesias y organizaciones ministeriales, y quitarnos la salud. La guerra es contra él. Y la única forma de reconocer este hecho y de aprender cómo batallar espiritualmente contra él es adquiriendo sabiduría divina. Al obtener sabiduría sabemos qué decir, cómo orar, qué hacer, y cuándo actuar para derrotar al enemigo en cada vuelta del camino y resultar victoriosos contra él.

Hay una gran diferencia entre los que consideran la vida como una batalla que se está luchando con éxito, y aquellos para quienes es una batalla perdida. A mucha gente la vida le parece algo terriblemente duro; tienen muy pocas esperanzas de que las cosas puedan mejorar o ser más fáciles. Tienen que luchar por mantener el equilibrio emocional y el status quo. Tienen muy poca esperanza, contentamiento o gozo porque cargan el pesado fardo de sus propias vidas. Han interiorizado conflictos y estrés suficientes como para sufrir un ataque de nervios en cualquier momento.

Si una persona cree que no está viviendo esta vida sólo en sus propias fuerzas, sino que vive y se mueve y tiene su razón de ser en Cristo, entonces está confiado en que tiene siempre con él a un aliado divino. Posee también un conocimiento profundo de que lo que no puede hacer en sus propias fuerzas mentales, Cristo se lo puede proporcionar en su infinita sabiduría. Lo que no puede lograr por sus propias habilidades, Cristo lo puede conseguir mediante su divino poder, que le capacita, le guía y le guarda.

Beneficio #5: Gozo y contentamiento genuinos

No hago más que conocer a gente que vive con muy poca paz, contentamiento o felicidad. Pareciera que continuamente están luchando contra algo. Tienen un espíritu combativo y enojoso; como si siempre hubiera algo malo que ellos están tratando de enmendar mediante sus propias ideas, poder y energía. No atraviesan tranquilamente un vestíbulo, lo hacen corriendo. Les cuesta trabajo sentarse y relajarse, se sientan en el borde de la silla, listos para saltar y hacer algo. No se permiten el «lujo» de pasar un tiempo meditando tranquilamente en la Palabra de Dios, sino que tienen que hacer algo que creen que es de vital importancia, se entretienen con papeles, trabajan en algún proyecto. Muchas veces se sienten tremendamente culpables si pasan varios minutos sin hacer nada.

La gente que vive esforzándose de este modo tiende a ser gente que se considera indigna ante Dios y ante otros. Creen que deben producir un montón de buenas obras, logros, recompensas, premios o tareas terminadas para que sus vidas tengan valor o significado.

Les aseguro una cosa, los esfuerzos no le llevarán a la salvación. Las buenas obras no cuentan para nada a los ojos de Dios. Lo único que trae como resultado nuestra salvación es nuestra fe, nuestra simple creencia en Jesucristo. Ningún esfuerzo, por muy grande que sea, traerá como resultado obtener el Espíritu Santo o vivir en sus fuerzas. El Espíritu Santo es el regalo que Dios nos da automáticamente en el momento en que recibimos a Cristo como nuestro Salvador. Los esfuerzos tampoco producen la cualidad interna que Dios desea ver en cada uno de nosotros: confianza en Él.

Les aseguro una cosa, los esfuerzos continuos contra algo o contra alguien nos alejan de la paz, el gozo y el contentamiento. Nos agotan la energía. Se produce un sentimiento interno de agotamiento que puede llegar a producir sentimientos de depresión o desaliento. La Palabra de Dios declara:

Bienaventurado el hombre que halla la sabiduría,
Y que obtiene la inteligencia;
Sus caminos son caminos deleitosos,
Y todas sus veredas paz.
Ella es árbol de vida a los que de ella echan mano,
Y bienaventurados son los que la retienen (Pr 3.13,17,18)

La Palabra de Dios nos dice que los que caminan con sabiduría tendrán «caminos deleitosos», paz y felicidad. La sabiduría se compara con un árbol, un refugio vivo y duradero que nos proporciona un lugar de reposo interior contra las tormentas y problemas de la vida.

¿Es posible vivir con gozo, paz y contentamiento todos los segundos de la vida? No. Todos experimentamos sentimientos de pánico, temor, desaliento, tristeza o dolor. Pero el gozo, la paz y el contentamiento pueden caracterizar toda su vida. Pueden ser las marcas distintivas de nuestra actitud, humor y perspectiva de las cosas.

Recordemos nuestra definición de *sabiduría*: «Sabiduría es la capacidad de ver las cosas desde la perspectiva de Dios, y de responder a ellas de acuerdo a los principios bíblicos». Cuando alguien se enfrenta con dificultades que parecen robarle la paz, el gozo y el contentamiento, la sabiduría divina le recuerda a esa persona que

- Dios nos ama incondicionalmente
- Dios tiene control de las cosas
- Dios tiene una razón para permitir que nos sucedan ciertas cosas

- Dios camina con nosotros durante esos momentos difíciles.

Cuando sabemos a ciencia cierta que Dios tiene el control de la situación, que nos ama sin medida, y que está trabajando en nuestras vidas, entonces tenemos la capacidad genuina de alabar y glorificar a Dios aún en medio de las situaciones más extremas, desalentadoras y difíciles. Y nuestra alabanza y acción de gracias crea en nosotros sentimientos muy vivos de gozo y paz.

Échele un simple vistazo a todo lo que causa frustración, ansiedad y preocupación. Los que están sin Dios o rechazan su sabiduría no pueden evitar sentirse preocupados, ya que desde su perspectiva la vida está fuera de control, llena de caos, falta de amor y solitaria. Viven por sentimientos, pendientes de las circunstancias.

¡Qué forma de vivir tan terrible! Incluso cuando esas creencias no se lleven al extremo, nos pueden echar abajo. Creer de todo corazón que Dios tiene el control de las cosas nos traerá paz. Creer de todo corazón que Dios nos ama y está trabajando para nuestro bien nos trae gozo. Creer de todo corazón que Dios está con nosotros cada momento de cada día nos trae contentamiento.

¡Qué certeza tan increíble saber que Dios nos basta en todos los momentos y circunstancias! Aquel que gobierna y guarda es el mismo que nos da gozo, paz y felicidad.

BENEFICIO #6: BUENA IMAGEN PROPIA

Siempre me asombro ante la cantidad de libros que se publican y los numerosos seminarios que se ofrecen sobre la autoestima. A la única conclusión a la que puedo llegar es que se sigue produciendo material sobre este tema porque hay muchas personas que luchan contra una imagen muy pobre de sí mismas. Y la razón de esta baja autoestima es en última instancia que la gente no se considera algo valioso, digno o aceptable ante Dios.

Cuando una persona sabe que él o ella es de gran importancia para Dios, y que Él la ama, la valora y desea tener una relación estrecha con ella, esa persona tiene confianza en sí misma y una buena imagen personal.

Échele un vistazo a los cinco beneficios de la sabiduría, que ya hemos cubierto en este capítulo:

- Un profundo conocimiento de Dios
- Una guía clara de parte de Dios
- Protección divina
- Fuerza y poder de Dios
- Gozo y contentamiento

Ahora permítame una pregunta: Si usted cree de verdad que está vinculado a Dios, que Él se le revela a usted, que lo guía diariamente, lo protege siempre, le da fuerza y poder para sobrevivir cada día con esperanza y valor, y le proporciona gozo y contentamiento, ¿cómo es posible que usted tenga una autoestima pobre? ¡El Dios del universo, asombroso y omnipotente es nuestro Padre celestial! No sólo es nuestro Creador, sino también nuestro Sostenedor, Proveedor, Protector y el amante de nuestra alma para siempre. Nosotros somos sus hijos, y viviremos con Él para siempre.

¿Cómo podría prosperar una baja autoestima a la luz de tales certezas? La sabiduría de Dios nos lleva a vernos a nosotros mismos tal y como Dios nos ve, y no como el mundo nos define hoy, como nos definió la gente en el pasado, o incluso como nos hemos llegado a definir a nosotros mismos. La sabiduría de Dios nos presenta la imagen de una persona que es coheredera de Jesucristo. La Palabra de Dios nos dice:

> Ahora, pues, hijos, oídme,
>
> Y bienaventurados los que guardan mis caminos.
>
> Atended el consejo, y sed sabios,
>
> Y no lo menospreciéis.
>
> Bienaventurado el hombre que me escucha,
>
> Velando a mis puertas cada día,
>
> Aguardando a los postes de mis puertas.
>
> Porque el que me halle, hallará la vida,
>
> Y alcanzará el favor de Jehová (Pr 8.32-35).

Dése cuenta de que a aquel que busca la sabiduría divina se le considera «bienaventurado». Está en posición de recibir en abundancia la bondad de Dios. Asimismo es una persona que «alcanzará el favor» del Señor. Si Dios nos bendice, y tenemos su favor, su aprobación, ¿cómo podríamos tener una autoestima pobre?

Si cree sinceramente que Dios desea bendecirlo, que lo aprueba y lo ama incondicionalmente, debería preguntarse: «¿En qué se basa entonces mi pobre autoestima?» Usted mismo llegará a la conclusión de que esa imagen tan pobre de uno mismo viene del enemigo o de las mentiras de otras personas. Y debe reconocer que ha aceptado todas esas mentiras y que continúa considerándolas verdad.

El maligno le engañará continuamente, diciéndole que Dios no lo ama, que usted no está salvo por Jesucristo, que vive aún atado al pecado, o que no es digno de sus bendiciones.

Hay otras personas que también le mienten, quizá no intencionadamente, pero sea como sea, no le dicen a usted las verdades de Dios. Lo que le dicen es que nunca va a lograr nada, que no merece nada, y que nadie lo va a aceptar, aun cuando la Palabra de Dios diga algo totalmente distinto.

El mundo en general, sobre todo los medios de comunicación públicos, nos dice que a menos que vayamos vestidos de cierta forma, tengamos tal aspecto físico, poseamos determinados objetos o logremos cierta posición social, siempre seremos ciudadanos de segunda clase, indignos de ser amados.

¿Ha creído todas esas mentiras?

Quien busca la sabiduría divina piensa de esta forma: «Soy bendecido por Dios. Dios me ama y acepta. Estoy salvo por la sangre de Jesucristo, lleno del Espíritu de Dios, y sobre la base de lo que Jesús hizo por mí y el Espíritu Santo sigue haciendo, tengo el favor de Dios. Todas las promesas de Dios tienen algo que ver conmigo. Debo desarrollar y usar todos los talentos que me ha dado. Dios tiene un plan para mi vida, y lo está desarrollando. Me está refinando, preparando y modelando a la imagen de Jesucristo. Le pertenezco para siempre, Él es mi Padre amoroso, que siempre quiere mi bien».

Crea estas cosas, y usted tendrá una autoestima buena y apropiada.

ABRACE EL AMOR DE DIOS PARA USTED

En el mismo corazón de nuestra autoestima existe un deseo de ser amado y considerado digno de amor. Y esa necesidad sólo la puede satisfacer plenamente Dios. Si de verdad creemos que Dios nos ama y nos considera dignos de su amor incondicional tendremos la base para una autoestima saludable y agradable a Dios.

A lo largo de muchos años, y no sólo en los Estados Unidos, sino en países de todo el mundo, me he dado cuenta de que la verdad que más les cuesta creer a los cristianos es que Dios nos ama incondicionalmente. De vez en cuando recibo cartas que dicen: «No creo que Dios pueda seguir amándome después de ver cómo he pecado, o cómo me he desviado de su plan para mí».

Permítame hacerle unas preguntas: ¿Le ha puesto usted condiciones al amor de Dios? ¿Cuáles son? Algunas de los condiciones más comunes que los cristianos le ponen a Dios son éstas:

- «He pecado...así que Dios no puede amarme». La Palabra de Dios dice: «Mas Dios muestra su amor para con nosotros, en que siendo aún pecadores, Cristo murió por nosotros» (Romanos 5.8). Dios lo amaba incluso antes de que usted lo aceptara. Lo amó primero, y lo ama siempre. Quiere que usted se arrepienta de sus pecados y obtenga perdón para cambiar sus caminos y crecer en Cristo...pero su amor por usted es inquebrantable.

- «No he hecho lo bastante como para merecer el amor de Dios». Nadie puede ganarse el amor de Dios. Dios nos ama por sus propios motivos divinos. Su amor por nosotros no es una recompensa por nuestras buenas obras. Todo lo que recibimos de Dios es algo que Él ya puso a nuestra disposición de forma gratuita, y que no exige esfuerzo. Usted no puede «ganarse» la paz de Dios. Usted no puede «lograr» suficientes puntos para que Dios le dé gozo. Usted no puede «ganar» el amor de Dios.

En 1 Juan 4.19 leemos: «Nosotros le amamos a Él, porque él nos amó primero». Dios se acerca a nosotros continuamente con amor, y no porque hayamos hecho algo especial, sino porque ya desde la eternidad decidió amarnos, buscarnos, perdonarnos y conformarnos a la imagen de su Hijo, Jesucristo.

Si usted cree que sus pecados o errores impiden que Dios lo ame, entonces necesita enfrentarse al hecho de que es usted quien le pone condiciones al amor de Dios. No es Dios quien se los ha puesto, ha sido usted.

EL VALOR DE UNA AUTOESTIMA PIADOSA

Hay gente que parece dudar de que una buena autoestima sea algo que todos los creyentes deberían tener. La Palabra de Dios dice: «El que posee entendimiento ama su alma; el que guarda la inteligencia hallará el bien» (Pr 19.8). Esto está tan claro como el agua. Los que caminan en sabiduría se ven a sí mismos de la misma forma que Dios los ve, y comienzan a amarse a sí mismos del mismo modo que Dios los ama. Jesús dijo: «Amarás a tu prójimo como *a ti mismo*» (Mateo 22.39, énfasis añadido). Usted no puede amar a otros a menos que se ame a sí mismo, basándose en el amor que Dios tiene por usted. Un amor adecuado y saludable hacia uno mismo lleva a la persona a ser generosa con otros. Quien camina con sabiduría sabe que Dios lo ama, aun cuando no merezca tal amor, y por tanto, es más probable que se acerque a otros con amor, aun cuando no hayan hecho nada para merecerlo.

Una buena autoestima no sólo nos otorga una fuerte capacidad de amar y perdonar a otros, sino que nos da valentía para movernos en contra de la corriente de la opinión general. Si usted está seguro de tener el amor y el favor de Dios en su vida no debe preocuparle que alguien lo critique, lo rechace o hable mal de usted a otros. Dios le ama y le da su aprobación, y su opinión es la única que cuenta.

BENEFICIO #7: PROSPERIDAD DE LA PERSONA COMPLETA

¿Bendice Dios a los que le aman, le sirven y andan en sus caminos? ¡Por supuesto que sí! Si usted camina en sabiduría, será prosperado.

La prosperidad de Dios es para toda la persona: espíritu, mente y cuerpo. La Biblia dice: «Amado, yo deseo que tú seas prosperado en todas las cosas, y que tengas salud, así como prospera tu alma» (3 Juan 2). Este versículo abarca la totalidad de la prosperidad: prosperidad en la salud, en el alma y en todas las cosas, lo que incluye todo tipo de relaciones, esfuerzos, inversiones y gestión de las propiedades de uno.

Obviamente al hablar de bienestar no nos referimos sólo a oro, plata, papel moneda, reservas, bonos o tierra. Hay mucho bienestar en conocer a Dios, andar en sus caminos y sentir su fuerza, poder, paz, gozo y contentamiento. Pero el bienestar también se refiere a las posesiones materiales y a las experiencias agradables y deleitables que Dios nos proporciona mientras vivimos en esta tierra. Lea el consejo de Dios:

Yo amo a los que me aman,

Y me hallan los que temprano me buscan.

Las riquezas y la honra están conmigo;

Riquezas duraderas, y justicia.

Mejor es mi fruto que el oro, y que el oro refinado;

Y mi rédito mejor que la plata escogida.

Por vereda de justicia guiaré,

Por en medio de sendas de juicio,

Para hacer que los que me aman tengan su heredad,

Y que yo llene sus tesoros (Pr 8.17-21).

En este pasaje se describe tanto la «riqueza» espiritual como natural. Es cierto que la prosperidad de Dios se centra en aquellas cosas de valor duradero. Pero también incluye «riquezas y honra», riquezas materiales además de las recompensas y honores que recibimos de otras personas.

Estar a bien con Dios y con la justicia son dos de las cosas más importantes que una persona puede tener, pero este pasaje habla en la siguiente frase de patrimonio heredado y «tesoros» colmados.

¿Por qué Dios hace prosperar a su pueblo? Por una razón muy importante, para que podamos bendecir a otros. Dios no derrama bienestar sobre la gente para que se queden con lo que reciben, sino más bien para que sean dadores generosos.

BENEFICIO #8: BUENA SALUD Y LARGA VIDA

Nadie puede prometerle a otro la curación de una enfermedad concreta, ni tampoco una vida larga. Y yo, desde luego, no voy a hacerlo. Pero lea lo que dice la Palabra de Dios:

No seas sabio en tu propia opinión;
Teme a Jehová, y apártate del mal;
Porque será medicina a tu cuerpo,
Y refrigerio para tus huesos (Pr 3.7,8).

Dios les desea salud y fuerza a los que caminan con sabiduría, le temen y huyen del mal. La vida piadosa se caracteriza por salud y plenitud, y es probable que una vida de salud y plenitud sea una vida larga.

Existe una razón muy práctica y lógica para esto. La persona que ve su vida dentro del contexto del plan y propósito de Dios va a ser una persona que valora su tiempo y procura hacer lo mejor de cada hora que Dios le da. Tal persona cuidará de su salud para tener una vida de calidad y para tener tanta cantidad de vida como sea posible. La persona temerosa de Dios debería desear vivir mucho tiempo para hacer todo lo posible por extender el evangelio de Jesucristo. Debería tratar de usar sus dones y talentos todos los días, de forma que se extiendan en la tierra la piedad, el perdón y la bondad de Dios.

Cuando llegue a considerar su tiempo en la tierra como un tiempo de servicio a Dios, deseará cuidar su cuerpo. Buscará la sabiduría divina acerca de qué comer, cómo hacer ejercicio, cómo dormir lo suficiente, qué actividades nos ayudan a descansar y a relajarnos. Va a conseguir la sabiduría de Dios para saber cómo vencer el estrés y vivir con contentamiento. Va a llenar sus días de cosas fructíferas y provechosas. Y cuando aplique a su vida los principios de Dios, va a tener salud y fuerza.

A la luz de estos ocho beneficios asombrosos y maravillosos de la sabiduría, ¿por qué va a querer alguien caminar neciamente?

Lo único que se me ocurre es que la gente no sabe cómo descubrir y aplicar la sabiduría de Dios. De eso hablaremos ahora.

CAPÍTULO CUATRO

ELEMENTOS ESENCIALES PARA CAMINAR SABIAMENTE

A lo largo de los años he viajado bastante en el curso de mi vida personal y de mi ministerio. Precisamente hace muy poco alguien me preguntó cuántos cruceros he hecho o patrocinado como parte de mi ministerio. Me sorprendí bastante al contarlos y ver que son ¡setenta y uno! Predicando avivamientos y dando conferencias y talleres para creyentes he acumulado millones de kilómetros.

Una de las cosas que he descubierto acerca de los viajes es que disfruto tanto preparando el viaje como realizándolo. Cuando me preparo para una excursión fotográfica me encanta organizar todo el equipo que creo que voy a necesitar. Disfruto con el proceso de decidir qué cosas voy a dejar y cuáles son totalmente imprescindibles para hacer que mi viaje sea agradable y productivo: qué ropa llevarme, qué vitaminas y suplementos alimenticios, qué cosas en el botiquín de emergencia, qué objetivos para las cámaras.

El viaje de la vida también exige ciertos elementos esenciales. Si queremos caminar en sabiduría hay una serie de cosas que debemos hacer. Tenemos que creer y pensar de cierta forma, tenemos que realizar determinadas acciones si queremos buscar, adquirir y vivir con la sabiduría divina.

ELEMENTO #1: TENER UNA DETERMINACIÓN FIRME DE CAMINAR SABIAMENTE

El primer requisito para caminar sabiamente es tener una determinación firme de obtener sabiduría. El simple hecho de que una persona sea cristiana no significa que automáticamente sienta deseos de caminar con sabiduría. Debemos decidir consciente e intencionadamente buscar la sabiduría divina y caminar en ella.

Aquellos que tienen al Espíritu Santo viviendo en ellos no toman decisiones sabias automáticamente, ni tampoco se involucran en acciones sabias. Más aún, una cosa es saber qué hacer, y otra cosa es hacerlo. Debemos pedirle al Espíritu Santo, consciente y voluntariamente, que nos guíe hacia la sabiduría, y que nos dé valor para caminar en ella.

También nos enfrentamos con el desafío de tomar decisiones en áreas muy diferentes. Algunas decisiones tienen que ver con la salud; otras, con el trabajo o la familia; en otros casos se trata del uso del dinero o los recursos materiales; y hay otras que involucran nuestra devoción personal al Señor. Cada una de estas áreas tiende a cambiar con el tiempo. Nuestra salud no es siempre la misma, nuestros proyectos laborales cambian, nuestra familia crece y se desarrolla, nuestros recursos e ingresos pueden cambiar, y la cantidad de tiempo que pasamos con el Señor suele variar. Continuamente nos encontramos en situaciones nuevas, enfrentándonos a circunstancias nuevas. Para caminar con sabiduría debemos pedirle al Señor diariamente, conscientemente e intencionadamente, que nos revele su sabiduría para cada área de desafío, dificultad u oportunidad que se nos presente.

Una determinación firme de caminar con sabiduría viene de tener asentadas en nuestros corazones y mentes la seguridad de la omnisciencia de Dios, y un compromiso firme de hacer lo que sea para adquirir sabiduría.

SEGURIDAD DE LA OMNISCIENCIA DE DIOS

¿Cree usted realmente que todo lo que Dios le dice es bueno, verdadero, sabio y para beneficio eterno? ¿Está usted completamente seguro de que conocer la voluntad de Dios, agradar a Dios y ser conformados a la semejanza de Cristo Jesús son siempre parte del plan de Dios? ¿De que caminar con sabiduría es la única forma de cumplir el propósito de Dios para su vida? ¿De que el camino de la necedad siempre termina en problemas, dificultades y pesares?

No deja de sorprenderme el número de gente que dice que cree que la Palabra de Dios es buena, verdadera, sabia y para beneficio eterno, pero ponen en duda a Dios y deciden seguir su propio camino. Muchas veces no admiten abiertamente que creen que su camino es mejor que el de Dios, pero dicen cosas como: «Traté de hacerlo a la manera de Dios, y no funcionó». No, usted no trató seria y firmemente el camino de Dios, o de lo contrario sabría que realmente funciona. Existen todas las posibilidades de que la persona que pone esas excusas sea alguien que no ha buscado a fondo toda la sabiduría de Dios en cierto asunto, o se trata de alguien que ha intentado seguir una mezcla del camino de Dios y del suyo propio. Sea como sea, no ha obedecido del todo a Dios. Si esta es la forma de razonar de usted, yo le animo a volver a la Palabra de Dios y a leer todos los pasajes relacionados con el asunto que le preocupa. Y después, ¡haga lo que dice la Palabra de Dios!

Otros puede que digan: «No creo que a Dios le preocupe esa área de mi vida». Sí, sí que le preocupa. A Dios le preocupan todos los aspectos de su vida, pequeños y grandes.

Puede que los que ponen en duda a Dios digan: «La Biblia fue escrita hace miles de años, y los tiempos han cambiado». La tecnología ha cambiado, pero el corazón humano no. La Biblia se puede aplicar perfectamente hoy día a todo lo concerniente al comportamiento humano.

Los seres humanos saludables no hacen cosas que saben con seguridad que les causarán dolor, daño o una pérdida irreparable. Quien conscientemente elige un camino que no sea el de Dios debe creer que sabe mejor que Él lo que le traerá gozo, felicidad y ganancia. Si usted desobedece a Dios, pregúntese por qué, en qué basa su decisión (incluso una subconsciente) de saber más que Dios, o de que sus decisiones son mejores para su vida que las decisiones de Dios.

Al fin de cuentas debe confiar en que lo que Dios le dice que es mejor para su vida. Es probable que tenga que pasar por situaciones en que le parezca que, tomando como base lo que aprendió o experimentó en el pasado, el camino de Dios no se puede aplicar a sus circunstancias. En dichas situaciones tiene que moverse en contra de sus instintos naturales, y abrazar por fe lo que dice Dios, confiando en que nuestro amoroso Padre celestial nos está guiando por un camino que al final nos traerá gozo y plenitud.

Piense en esta situación: un hombre tiene que decidirse entre dos ofertas laborales que parecen iguales en desafío y oportunidad. Una de las ofertas le proporcionaría un aumento salarial considerable, pero significaría irse a vivir lejos de la ciudad, colegio e iglesia en los que él y su familia están involucrados, y donde tienen crecimiento espiritual y bendición.

En su corazón este hombre siente que el Espíritu Santo le guía a aceptar la posición peor pagada para poder quedarse en su hogar, comunidad e iglesia. Sin embargo, todos los que le rodean le animan a aceptar el otro empleo. ¿Qué debería hacer este hombre? Sin ninguna duda...¡obedecer el impulso del Espíritu Santo! Yo animaría a ese hombre a confiar en que Dios le otorgará alguna ganancia adicional o un ascenso en la posición en la que está. Dios honrará su sacrificio monetario para traerle bendición a su familia.

Necesitamos fe para cada decisión importante a la que nos enfrentamos. Usted no va a conocer el resultado completo de ninguna decisión importante antes de tomarla. A todos se nos pone en la posición de obedecer a Dios y confiar en Él con las consecuencias de nuestra obediencia.

Algunos de los que ponen en duda a Dios podrían decir: «El camino de Dios no siempre me parece lógico». ¡A nadie le parecen siempre lógicos los caminos de Dios! A Gedeón no le pareció lógico reducir sus ejércitos de miles a trescientos. A Josué no le pareció una estrategia lógica enviar a los israelitas a marchar silenciosamente alrededor de los muros de Jericó. A David no le pareció lógico en absoluto tratar de vencer al campeón de los filisteos con una honda y un puñado de piedras.

Puede que lo que Dios nos mande a hacer nos parezca sin sentido. Puede que seamos capaces de presentar todo tipo de excusas para no obedecerlo. Pero al final sólo hay una decisión sabia: obedecer a Dios.

Un compromiso diligente de buscar la sabiduría divina

Una de las muchas advertencias que se nos hacen para adquirir sabiduría es que la busquemos. Esto exige un compromiso de nuestra parte, una diligencia firme y constante. La Palabra de Dios dice:

> Hijo mío, si recibieres mis palabras,
> Y mis mandamientos guardares dentro de ti,
> Haciendo estar atento tu oído a la sabiduría;
> Si inclinares tu corazón a la prudencia,
> Si clamares a la inteligencia,
> Y a la prudencia dieres tu voz;
> Si como a la plata la buscares,
> Y la escudriñares como a tesoros,
> Entonces entenderás el temor de Jehová,
> Y hallarás el conocimiento de Dios.
> Porque Jehová da la sabiduría,
> Y de su boca vienen el conocimiento y la inteligencia.
> Él provee de sana sabiduría a los rectos;
> Es escudo a los que caminan rectamente (Pr 2.1-7).

La búsqueda de la sabiduría es claramente un proceso activo. Conlleva a inclinar el oído, poner el corazón, gritar y alzar la voz. Exige buscar e investigar. Vuelva a leer Proverbios 2.4: «Si como a la plata la buscares y la escudriñares como a tesoros».

Le aseguro que si un domingo anunciara desde el púlpito que sé a ciencia cierta que cualquier persona que viaje una hora al norte de Atlanta por cierta autopista, tome un desvío específico en una carretera secundaria, recorra nueve kilómetros, se salga de esa carretera y se meta en otra, recorra noventa metros, aparque bajo un árbol gigantesco a la derecha de la carretera, y haga un hoyo de un poco más de un metro, encontrará un millón de dólares en monedas de plata... la iglesia se quedaría vacía instantáneamente. La gente se apresuraría a juntar las herramientas, llenar de gasolina el coche, y poner rumbo a tan tremendo tesoro.

Dios dice que la sabiduría vale más que cualquier tesoro tangible. ¿Quiere usted esforzarse para buscarla?

ELEMENTO #2: ORAR POR SABIDURÍA

Otro requisito esencial para adquirir sabiduría es pedírsela a Dios. Y debemos pedirle sabiduría con fe y con humildad.

HUMILDAD

La sabiduría la obtienen sólo los que están dispuestos a inclinar el rostro ante el Señor y decirle: «Que no sea mi voluntad, sino la tuya». Proverbios 11.2 nos dice: «Cuando viene la soberbia, viene también la deshonra; mas con los humildes está la sabiduría».

Los orgullosos y los que no se someten al Señor, los que deciden seguir su propio camino en vez de obedecer los mandamientos de Dios, serán avergonzados. Tendrán que pagar las consecuencias de sus propios errores y pecados. Sufrirán las consecuencias negativas de su propia codicia, amargura, enojo, frustración, duda y odio, y las consecuencias que sufran serán también evidentes para los que les rodean. La vergüenza en secreto no existe, esas consecuencias negativas que sufre el orgulloso salen a la luz, y todo el mundo las puede ver.

Los humildes reconocen que tienen ciertas debilidades, que no

75

saben todo, que necesitan dirección y guía. Nuestras oraciones deberían reflejar hambre de Dios, anhelo de Dios, necesidad de Él, y de crecer en nuestra relación con Él.

FE

Nuestras oraciones no deben estar vestidas sólo de humildad, sino también de fe. Las Escrituras nos dicen:

> Y si alguno de vosotros tiene falta de sabiduría, pídala a Dios, el cual da a todos abundantemente y sin reproche, y le será dada. Pero pida con fe, no dudando nada; porque el que duda es semejante a la onda del mar, que es arrastrada por el viento y echada de una parte a otra. No piense, pues, quien tal haga, que recibirá cosa alguna del Señor. El hombre de doble ánimo es inconstante en todos sus caminos (Santiago 1.5-8).

Los que están llenos de dudas o de incredulidad no alcanzan sabiduría. Los únicos que la obtienen son los que confían en Dios con sus vidas, y los que se consideran totalmente dependientes de Él. Dios les da sabiduría a los que saben que no son nada sin Él, pero que al mismo tiempo confían en que con la ayuda de Dios pueden lograr todo.

¿Por qué se tambalea nuestra fe? En primer lugar, y principalmente, por nuestro propio pecado. Nadie que se rebele conscientemente contra Dios puede pedirle sabiduría y tener la certeza de obtenerla. Nuestra propia culpa nos estorba, nublándonos la fe. Usted no puede tener una fe fuerte y pecar al mismo tiempo.

Otra razón de la falta de fe es dudar del amor de Dios, de su misericordia y perdón. Nadie que ponga en duda los motivos de Dios o su misericordia le puede pedir nada con suficiente fe. Sus sentimientos de desaprobación y condenación hacia sí mismo se lo impiden. Si usted desea sabiduría ore por ella con fe y humildad.

ELEMENTO #3: MEDITAR EN LA PALABRA DE DIOS

¿Cuántas veces se ha sorprendido usted diciéndose al final del día: «Cuando me levanté esta mañana, ciertamente no tenía ni idea de que me iba a enfrentar con esto hoy»? Nuestra vida diaria suele ser una mezcla de sorpresas positivas y negativas. Casi nunca adivinamos lo que nos va a suceder.

Necesitamos tener un encuentro refrescante con la Palabra de Dios cada vez que nos preparamos para vivir un nuevo día. Y después, a lo largo del día, tenemos que recordar lo que leímos, no sólo durante esa mañana, sino también los días anteriores.

Una mañana Josué se encontró en un punto interesante de su vida: Moisés había muerto, y él había estado entre los que lloraron su muerte durante treinta días. Josué fue el administrador principal de Moisés durante todos los años que los israelitas vagaron por el desierto; había sido asistente personal de Moisés, así como también comandante del ejército israelita. Pero Dios nunca le había revelado todo el alcance de su plan para su vida personal.

Sin embargo, llegó una mañana en que Dios le dijo a Josué: «levántate y pasa este Jordán, tú y todo este pueblo, a la tierra que yo les doy a los hijos de Israel. Yo os he entregado, como lo había dicho a Moisés, todo lugar que pisare la planta de vuestro pie» (Josué 1.2,3).

¡Qué desafio tan increíble! Estamos hablando de un día que

cambió toda una vida, y de una inesperada Palabra por parte de Dios.

Después de esto, el Señor le hizo esta promesa a Josué: «Nadie te podrá hacer frente en todos los días de tu vida; como estuve con Moisés, estaré contigo; no te dejaré ni te desampararé» (Josué 1.5).

El asombroso desafío de Dios vino acompañado de no menos asombrosas palabras de consuelo y seguridad. En esencia Dios le dijo a Josué: «Ésta es tu parte». Él le dijo:

> Solamente esfuérzate y sé muy valiente, para cuidar de hacer conforme a toda la ley que mi siervo Moisés te mandó; no te apartes de ella ni a diestra ni a siniestra, para que seas prosperado en todas las cosas que emprendas. Nunca se apartará de tu boca este libro de la ley, sino que de día y de noche meditarás en él, para que guardes y hagas conforme a todo lo que en él está escrito; porque entonces harás prosperar tu camino, y todo te saldrá bien (Josué 1.7,8).

Dios le ordenó a Josué que meditara en la ley día y noche, es decir, continuamente. Debía hablar sobre la ley, recitarla en alto para su corazón y mente, y asegurarse de que todo lo que le decía a otros concordaba totalmente con la verdad de la Palabra de Dios. Debía cumplir la ley, aplicar a su vida los principios de Dios sin ningún tipo de duda o compromiso. Debía meditar en la ley de Dios hasta el punto de que su instinto automático lo condujera a hacer lo que decía la ley.

Para meditar en la Palabra de Dios primero tenemos que leerla. Usted no puede pasarse todo el día pensando en algo que no ha leído.

Meditar significa ahondar hasta el significado más profundo de lo que Dios está diciendo en su Palabra. No se trata de pasar las páginas de la Biblia, limitarnos a nuestros pasajes o versículos favoritos, o leer superficialmente. Tenemos que leer despacio, intensamente, buscando nuevas iluminaciones, nuevo entendimiento. Tenemos que indagar para llegar al significado más profundo de la Palabra de Dios haciéndonos preguntas como:

- ¿Qué advertencia me está dando Dios?

- ¿A qué me desafía este pasaje? ¿Qué me indica Dios que debo hacer...cambiar...sanar?

- ¿Cómo me alienta Dios en este pasaje?

- Mientras leía este pasaje, ¿cómo me convenció el Espíritu Santo de arrepentirme de un pecado o enmendar un error?

Puede que diga: «Pero es que yo no entiendo la Biblia siempre». La mejor manera de comenzar a entender la Biblia es leer más. Empiece por los cuatro Evangelios: Mateo, Marcos, Lucas y Juan. Enfóquese en las Palabras de Jesús. Usted entenderá lo que dice Jesús lo suficiente como para que haya cambios en su vida. Y cuanto más lea, tanto mejor entenderá.

No entender todo lo que se lee no es excusa para no leer la Biblia; más bien al contrario, debería ser la razón principal para que uno se comprometa a leer la Biblia más a menudo, y a estudiarla más profundamente.

Cada vez que nos enfrentamos con algo que sabemos que es realmente importante, tenemos que ir a la Palabra de Dios para averiguar lo que dice Dios sobre el tema. Dios no ha dejado ningún tema sin tocar. No ha dejado nada en blanco sobre esas cosas que son importantes en la vida. La Biblia es el punto de vista de Dios, su opinión y su consejo.

Nos basta con observar nuestras propias vidas, o las de los que nos rodean, para darnos cuenta de que la gran mayoría de los problemas y preocupaciones que sufrimos son el resultado de no seguir los mandamientos de Dios. O bien no conocíamos los mandamientos y principios de Dios y, por lo tanto, no los hemos guardado, o los hemos violado conscientemente. De cualquiera de las dos formas vamos a sufrir las consecuencias de no guardar los mandamientos de Dios.

Imagínese que mañana por la mañana, nada más entrar en su lugar de trabajo, uno de sus compañeros se le echa encima, lanzándole todo su enojo y frustración, de una forma que parece casi un asalto. A usted le parece que este ataque verbal no tiene razón de ser, son las nueve de la mañana, y ni siquiera se ha servido una taza de café, ni mucho menos ha tenido la oportunidad de conversar con esta persona. ¿Qué le responde?

La respuesta normal del mundo sería que usted se dijera a sí mismo: *Hummm, no hay razón de ser para esto. Me las voy a cobrar.* La respuesta carnal sería vengarse de alguna forma. ¿Y la respuesta acorde con Dios? Debería ser: «¿Tienes algo más que decirme? Aprecio el hecho de que digas cómo te sientes. Tendré en cuenta lo que me has dicho» (Lucas 6.29 y Romanos 12.19).

Una de las dos formas lleva a la confrontación, división, confusión y desasosiego. La otra forma, la acorde a Dios, nos conduce a la paz, el entendimiento, la resolución, la reconciliación y a la posibilidad de mejorar la relación con dicha persona.

Los mandamientos, estatutos, principios y preceptos de Dios cubren todas las situaciones de la vida. Necesitamos reflexionar en la Palabra de Dios, leerla, estudiarla, memorizarla, pensar en ella y tenerla en cuenta. Al hacerlo descubriremos cuál es la forma sabia de caminar por la vida y de responder a las situaciones con las que nos enfrentamos.

Resultados de meditar la Palabra de Dios

Esto es lo que pasa cuando meditamos en la Palabra de Dios:

¡Oh, cuánto amo yo tu ley!
Todo el día es ella mi meditación.
Me has hecho más sabio que mis enemigos con tus mandamientos,
Porque siempre están conmigo.
Más que todos mis enseñadores he entendido,
Porque tus testimonios son mi meditación.
Más que los viejos he entendido,
Porque he guardado tus mandamientos;
De todo mal camino contuve mis pies,
Para guardar tu palabra.
No me aparté de tus juicios,
Porque tú me enseñaste.
¡Cuán dulces son a mi paladar tus palabras,
Más que la miel a mi boca!
De tus mandamientos he adquirido inteligencia;
Por tanto, he aborrecido todo camino de mentira.
Lámpara es a mis pies tu palabra,
Y lumbrera a mi camino (Salmos 119.97-105).

Vamos a fijarnos en unos principios importantes de la Palabra de Dios en este pasaje:

El primer principio: «Es un depósito de la verdad». Dése cuenta de que la Palabra de Dios hizo a David más sabio que sus enemigos, sus maestros y los «viejos» de su corte, es decir, los escribas y sabios de más edad que hubiera en sus días. Puede que David no conociera más hechos que las personas que le rodeaban, pero sabía más acerca de la verdad. La Palabra de Dios es la sabiduría de la sabiduría, la verdad de la verdad, y David se había empapado de la verdad de Dios «todo el día».

Todos tenemos un depósito mental, todo lo que hemos aprendido está allí, y este depósito funciona como filtro para evaluar la nueva información. Toda esa información nueva se procesa según lo que aprendimos en el pasado, junto con la perspectiva, opiniones y actitudes que hemos desarrollado.

Algunos tenemos depósitos defectuosos. Hemos aprendido cosas incorrectas en el pasado. Cada vez que usted encuentre algo en la Palabra de Dios que no concuerda con lo que está en su depósito mental, lo que tiene que hacer es cambiarlo. La Biblia es nuestra fuente para conocer la verdad, y nos ofrece el depósito mental que todos deberíamos haber aprendido.

La repetición influye fuertemente en nuestro depósito mental. Cuanto más escuchemos cierta información, con mayor frecuencia encontraremos conceptos y más profundamente se nos grabará en la mente esa información. Por eso es tan importante leer la Biblia diaria y repetidamente. Aprendemos por medio de la repetición.

Para saber más sobre esto podemos fijarnos en los anuncios televisivos que aparecen en los momentos culminantes de las historias dramáticas, cuando los espectadores están preparados para recibir información nueva. Luego, esos anuncios se repiten día tras día, semana tras semana. Además, se formulan en términos de experiencia sensorial: gusto, olfato, tacto, sonido y estimulación. Comenzamos a desear tener lo que vemos anunciar porque queremos sentir lo mismo que al parecer siente la gente que aparece en ellos.

De igual modo tenemos que preparar la mente para recibir la verdad de la Palabra de Dios, yendo a la Biblia con un corazón abierto y con una mente deseosa de aplicar personalmente lo leído. Tenemos que estar completamente alertas, completamente enfocados y listos para escuchar a Dios cuando leemos.

También debemos leer las historias de la Biblia en tecnicolor, imaginando qué sentía la gente de las historias cuando le oían a Jesús contar sus parábolas, o cómo les cambió la vida a los que fueron sanados milagrosamente por Jesús. Y cada una de las veces tenemos que preguntarnos: «¿Qué habría sentido yo?, ¿qué habría respondido? Jesús es el mismo ayer, hoy y siempre, así que ¿cómo quiere tratar conmigo Jesús hoy?» Tenemos que personalizar y aplicar la Biblia a nuestras vidas, y no sólo una vez, sino una y otra vez, un día sí, y el otro también. Tenemos que encontrar la forma de que la Palabra de Dios nos cambie la forma de pensar, respondiendo y creyendo, de forma que nuestro corazón y nuestra mente reflejen el corazón y la mente de Dios de forma más obvia.

Deje que la Palabra de Dios lo persuada. Acceda a que la Palabra de Dios influya en su forma de pensar. Permita que la Palabra de Dios alerte su perspectiva y cambie su comportamiento.

No importa lo que nos pueda decir alguien, si alguna parte de su mensaje no concuerda con la Palabra de Dios hay que ignorarlo. La Palabra de Dios es la referencia para evaluar todo tipo de instrucción.

Otro principio importante que aprendemos en este pasaje es: «Distingue lo bueno de lo malo». Observe que David dijo que repetir y meditar constantemente en la Palabra de Dios fue lo que lo mantuvo alejado del mal, y le enseñó a distinguir lo bueno de lo malo. David llegó a odiar todo camino equivocado. Sabía qué cosas eran malas, y las rechazaba.

Un último principio que aprendemos en este pasaje: «Es una lámpara para su fe». Como David conocía a fondo la Palabra de Dios, y se daba prisa en responder a ella, la Palabra se había convertido en una lámpara a sus pies, una luz en su camino. La Palabra de Dios le revelaba claramente el camino por el que debía andar o, dicho en otras palabras, las decisiones que debía tomar en cada momento. La Palabra de Dios le mostraba qué alternativa debía tomar, qué opción debía buscar, qué estrategia debía seguir. Él sabía cuándo, cómo y dónde aplicar la Palabra de Dios en los momentos difíciles. ¿No es eso lo que todos deseamos? ¿No queremos saber cuáles son las decisiones sabias y los métodos sabios, de forma rápida y definitiva?

David tenía muchos consejeros, brillantes y valientes «hombres poderosos» que lo rodeaban de consejos. Pero él confiaba primero y ante todo en la Palabra de Dios. Lo primero que hacía era volverse a lo que Dios tuviera que decirle cada vez que se enfrentaba con noticias malas o circunstancias difíciles. Y no sólo encontraba consuelo, sino también gozo en lo que leía y estudiaba, estaba seguro de que Dios estaba con él. Leemos en el Salmo 119:

> Príncipes también se sentaron y hablaron contra mí;
> Más tu siervo meditaba en tus estatutos,
> Pues tus testimonios son mis delicias
> Y mis consejeros (vv. 23,24).

Obviamente no todas las decisiones se pueden tomar instantáneamente, pero podemos confiar en que Dios nos revele su sabiduría para que podamos tomar decisiones sabias en el momento y la forma adecuados. Podemos confiar en que Dios nos dará su sabiduría para que podamos alejarnos de todo lo que sea falso, dañino o pecaminoso, y dirigirnos a lo que sea correcto a los ojos de Dios. Podemos confiar en que la sabiduría de Dios nos dará dirección y guía diariamente, a cada hora si es necesario.

RECORDAR LO QUE LEEMOS

Observe lo que dijo el salmista acerca de meditar en la Palabra de Dios:

> En tus mandamientos meditaré;
> Consideraré tus caminos.
> Me regocijaré en tus estatutos;
> No me olvidaré de tus palabras (Salmos 119.15,16).

El rey David pasaba mucho tiempo leyendo, estudiando y pensando acerca de la Palabra de Dios. Se deleitaba estudiando y reflexionando sobre los principios de Dios. No sólo memorizaba la Palabra de Dios, sino que muchas veces la recordaba, y sumergía sus pensamientos en la ley de Dios. No se olvidaba de la Palabra de Dios cuando tenía que hablar o actuar, ni a la hora de componer canciones. Más bien lo contrario, sus pensamientos llegaban a convertirse en sus discursos, en texto para sus cantos y en motivación para su comportamiento. En sus juicios también reflejaba la Palabra de Dios.

La Palabra de Dios le resultaba «dulce» (llegó a decir que era más dulce que la miel) porque el resultado final de su aplicación era agradable, beneficioso y bueno. Una experiencia dulce es aquella en la que resultamos ayudados o bendecidos. A David aplicar la Palabra de Dios le trajo como resultado recompensas constantes, por lo que este rey aún se dedicó con más entusiasmo a meditarla y a aplicar su verdad a su propia vida.

ELEMENTO #4: OBEDECER Y APLICAR ACTIVAMENTE LA PALABRA DE DIOS

Para caminar con sabiduría tenemos que activa y diligentemente, obedecer y aplicar la Palabra de Dios en nuestras vidas. No basta con oír la Palabra de Dios, leerla o meditar en ella. Tenemos que hacerla realidad. Debemos aplicar a nuestra vida diaria los principios y mandamientos de Dios. Tenemos que llenar nuestras mentes y corazones con la Palabra de Dios, para que así nuestras palabras y acciones sean un ejemplo de los mandamientos de Dios en acción. En cada tarea, en cada encuentro, en cada conversación tenemos la oportunidad de expresar obediencia a la Palabra de Dios.

En Proverbios 2.7 encontramos esto: «Él provee de sana sabiduría a los rectos; es escudo a los que caminan rectamente». Por medio de su Palabra Dios nos proporciona todo lo que necesitamos, pero nosotros somos quienes tenemos que elegir caminar «rectamente». Ser «rectos» es el resultado de vivir de una forma correcta, es el resultado de obedecer. El «recto» es la clase de persona a la que Dios revela su sabiduría. Es como si dijéramos que Dios le revela su sabiduría a los que son altos, bajos, delgados, gordos, rubios o morenos. Los que deciden obedecer a Dios y seguir sus mandamientos son los que llegan a ser «rectos».Quienes desean obedecer la Palabra de Dios son los que resultan más impactados de forma clara y directa por ella. Han dispuesto la mente y el corazón para conocerla. Leen la Palabra de Dios con esta actitud: *Tengo que ver qué quiere Dios que haga yo. Hoy voy a descubrir algunas de las formas en las que Dios quiere que viva, responda y tome la iniciativa. Leo la Biblia para tener una guía para mi vida, no sólo para leer algo bueno para la mente.*

Proverbios 2 comienza así: «Hijo mío, si recibieres mis palabras, y mis mandamientos guardares dentro de ti» (v. 1). Meditar la Palabra de Dios es un proceso que tiene dos etapas: Debemos leer las Escrituras como si cada una de ellas se aplicara a nosotros personalmente, y debemos recibir las enseñanzas de Dios en el corazón, alma y mente. Y entonces, debemos valorar sus mandamientos tanto que hagamos lo que su Palabra nos dice. Dicho con otras palabras: debemos conocer los mandamientos de Dios, y guardarlos debe estar entre nuestras prioridades más altas.

La Palabra de Dios nos advierte:

Hijo mío, no te olvides de mi ley,
Y tu corazón guarde mis mandamientos (Pr 3.1).

Hijo mío, está atento a mis palabras;
Inclina tu oído a mis razones.
No se aparten de tus ojos;
Guárdalas en medio de tu corazón.
Porque son vida a los que las hallan,
Y medicina a todo su cuerpo.
Sobre toda cosa guardada, guarda tu corazón;
Porque de él mana la vida (Pr 4.20-23).

Atended el consejo, y sed sabios,
Y no lo menospreciéis (Pr 8.33).

En este versículo la palabra «atended» significa literalmente «obedecer», «hacer caso». Debemos actuar con instrucción. Y la acción es clave, como en el versículo que sigue: «El sabio de corazón recibirá los mandamientos, mas el necio de labios caerá» (Pr 10.8). «Recibirá» es algo activo. Con los mandamientos de Dios no hay nada pasivo; fueron formulados para que los sigamos.

No hay ningún general en ningún ejército que le dé órdenes a las tropas simplemente para escuchar su propia voz. Da órdenes porque espera que sus tropas actúen y cumplan una cierta misión. Pues esto mismo es cierto también para el Capitán de nuestras almas.

Cuando estaba estudiando en la universidad me di cuenta rápidamente de que había una gran diferencia entre la forma de leer los libros de texto y la forma de leer novelas. Yo leía los libros de texto con la intención de recordar la información, porque era muy probable que más tarde me examinaran sobre él. Tenía que aprender lo que estaba escrito en ellos porque iba a tener muchas ocasiones de aplicar lo leído en el curso de mi vida. Cuantas más posibilidades veía de poder aplicar un día la información que leía, más interesado me sentía y más diligente era en estudiar el material.

La razón número uno por la que usted debe leer la Biblia no es para decir que la ha leído. Ni tampoco para decir que ha aprendido lo que está en ella. La razón de leer la Biblia es obtener las órdenes de marcha para el día y para el resto de la vida. La razón de leer la Biblia es crecer en nuestra relación con el Señor y hacer lo que le dice en su Palabra.

El desarrollo de nuestro entendimiento es algo cíclico: leemos, aplicamos, volvemos a leer, volvemos a aplicar, y a lo largo de todo el camino crece nuestro entendimiento. Al crecer nuestro entendimiento también crece nuestra apreciación de las Escrituras y nuestro entusiasmo por leer la Biblia. Cuando vea que la Biblia funciona de verdad en su vida, en la vida de su familia y en sus relaciones en el trabajo, en la comunidad y en la iglesia, va a desear leer la Biblia cada vez más, y aplicarla de muchas más formas.

¿QUÉ OCURRE SI ME EQUIVOCO AL APLICARLA?

¿Vamos a cometer errores al intentar obedecer y aplicar la Palabra de Dios? Por supuesto. Somos seres imperfectos. Pero la única forma de aprender a aplicar mejor la Palabra de Dios es haciendola realidad.

Cuando usted era muy pequeño alguien le podría haber explicado cómo caminar. Usted podría haber oído veinte conferencias sobre los mecanismos para andar, pero no aprendió a caminar hasta que lo intentó, levantándose, cayéndose, levantándose de nuevo, dando unos cuantos pasos y luego otros. Lo mismo se aplica a la Palabra de Dios. La única forma de aprender a vivir en consonancia con los preceptos de Dios es poniéndolos en práctica, a veces fallando, otras no haciendo bien todo, luego probando de nuevo.

Cuando una persona sabia se da cuenta de que cometió un error se lo confiesa a Dios, introduce un cambio en su vida, y sigue hacia adelante para corregir ese error, intentándolo de nuevo.

La única forma de obtener sabiduría es vivir en obediencia. ¿Cómo podremos llegar a saber que Dios es fiel si nunca confiamos en Él? ¿Cómo seremos capaces de llegar a saber de verdad lo que Dios hará con nuestras vidas si nunca damos un paso de fe, confiando en que nos ayudará más? ¿Cómo podremos saber del gozo que da ganar almas para Cristo si nunca abrimos la boca para dar testimonio de Jesucristo?

De la misma forma…¿cómo tendremos la capacidad de llegar a ser sabios si nunca aplicamos los mandamientos de Dios a nuestras vidas?

Usted nunca podrá llegar a conocer en su totalidad lo que Dios hará en su vida, por medio de su vida, y en el entorno de su vida a menos que actúe en todas las cosas según Dios le dice que haga.

ELEMENTO #5: SER SENSIBLES A LAS INDICACIONES DEL ESPÍRITU SANTO

El primer impulso que sentimos del Espíritu Santo es aceptar a Jesucristo como nuestro Salvador personal, y después, seguirlo como Señor de nuestras vidas.

Después de recibir a Jesús como nuestro Salvador, el Espíritu Santo comienza a habitar dentro de nosotros para guiarnos por el camino que debemos seguir: las decisiones que debemos tomar, el trabajo que tenemos que realizar, y las nuevas actitudes y opiniones que deberíamos adoptar. Jesús dijo que una de las funciones principales del Espíritu Santo es guiarnos a toda la verdad (Juan 16.13).

Cuando Dios quiere dejar claro el siguiente movimiento que tiene para nosotros, o desea que nos movamos en una dirección nueva, muchas veces crea en el espíritu de una persona lo que yo llamo un «impulso». Un impulso es como una ráfaga de luz en nuestro espíritu, que hace que sepamos casi inmediatamente de qué camino salirnos, qué hacer, qué decir y responder. Esos impulsos nos llegan con una profunda sensación de seguridad y confianza de que la decisión es correcta.

Cada vez que usted sienta un impulso del Espíritu Santo, puede estar seguro de que nuestro Dios, que lo sabe todo, el Espíritu Santo omnisciente, le está diciendo: «Te amo tanto que te estoy diciendo qué hacer en esta situación».

Mucho de lo que el Espíritu Santo nos impulsa a hacer conlleva una pérdida o ganancia potenciales de algo importante o valioso. A veces el Espíritu Santo nos impulsa a realizar una acción que podría resultar en una pérdida o ganancia en la vida de la otra persona.

Hay ciertas cosas que deberíamos evitar...descartar...ignorar...dejar a un lado. Hay otras cosas que deberíamos recibir...considerar...o actuar en consonancia con ellas.

Al igual que el Espíritu Santo nos impulsa a hacer o a decir ciertas cosas, también nos impulsa otras veces a no actuar o no hablar. Ha habido veces en que he sentido claramente al Espíritu Santo diciéndome: «Siéntate y no abras la boca». Otras veces sentí al Espíritu Santo decirme que no hiciera nada en una situación determinada, aun cuando todo dentro de mí me indicaba que actuara.

¿Cómo se desarrolla esta sensibilidad? Pídale a Dios que le haga sensible a los impulsos del Espíritu Santo. Darle esa sensibilidad ya es asunto de Dios, pero si usted no actúa en consonancia con el impulso recibido, entonces nunca aprenderá a seguir la guía del Espíritu Santo. Cuando sienta lo que cree que es un impulso, debe actuar inmediatamente. No ponga en duda lo que Dios le dice que haga.

Usted discernirá rápidamente si ha oído correctamente. Si no ha sido así sentirá desasosiego y falta de paz en su espíritu. Por otra parte, si ha escuchado correctamente sentirá una paz creciente, así como confianza en la acción tomada.

Al igual que pasa con casi todo en la vida, aprendemos con experimentos y cometiendo errores.

Hace unos meses tomé un avión de regreso a casa, después de haber dirigido una conferencia para pastores en otro estado. Justo cuando estaba a punto de levantarme de mi asiento para salir del avión, sentí un fuerte impulso de una sola palabra: «¡Mira!»

Ya preparado para salir del avión eché un vistazo a mi alrededor, y no vi nada especial. La verdad es que tampoco obedecí muy seriamente ese impulso. Cuando ya había salido del avión e iba por la mirad del vestíbulo, pensé: *Debería llamar a la persona que va a recogerme para asegurarme de que está en camino.* Fui a agarrar mi celular, y entonces me di cuenta de que no estaba donde lo pongo normalmente. Busqué en la cartera y en los bolsillos…nada de nada. De repente me acordé de que había usado el teléfono en el avión antes de despegar, así que llegué a la conclusión de que debería estar allí. Regresé a la puerta de embarque, pero habían cerrado ya las puertas del avión. Tardé un poco, pero al final encontré a alguien que me permitió volver al avión. Buscando con un poco más de atención encontré el celular atrapado entre el asiento y el brazo. Un simple vistazo no había sido suficiente, pero tampoco fue eso lo que el Espíritu Santo me había impulsado a hacer. Él me había dicho: «¡Mira!»

Esto fue algo de poca importancia, pero por no obedecer este impulso perdí casi media hora de mi tiempo y del de la persona que había ido a recogerme, tiempo que en ambas vidas pudo usarse de forma más productiva.

Puede que usted se esté preguntando: «¿El Espíritu Santo realmente nos guía en esos asuntos prácticos y simples?» Sí, claro que sí. Nos guía en cosas grandes y pequeñas, nada queda fuera de su conocimiento. Cuanto más de cerca lo sigamos y más rápidos seamos en obedecer sus impulsos, parece que el Espíritu Santo funciona de forma más detallada y práctica en nuestras vidas.

Les voy a poner otro ejemplo que escuché hace poco. Una chica tenía que elegir una universidad para estudiar. Ella y sus padres limitaron la decisión a cuatro universidades cristianas, y luego sus padres dejaron que ella tomara la decisión final. Le dijeron que orara y le preguntara al Señor dónde quería que fuera ella.

Las dos primeras universidades que visitó resultaron ser un claro «no» del Espíritu Santo. Cuando llevaba menos de dos horas en cada uno de los dos campus se sintió incómoda. Aunque eran buenas universidades, con una reputación excelente, la chica sabía en su espíritu que no eran el sitio adecuado para ella. No fue por nada concreto que alguien le dijera o hiciera, simplemente ella no sintió paz en el corazón.

Las dos últimas universidades le parecieron prácticamente iguales cuando las comparó en su mente y en su corazón, después de haber ido a ambas y de conversar con estudiantes de allí. Por fin una noche decidió que iría a la universidad más cercana a su casa. Le dijo a su familia que había tomado esa decisión, y se fue a la cama. Más tarde relató lo que le sucedió: «No pude dormir casi nada. No hacía más que dar vueltas y vueltas en la cama, y me sentía muy mal. Tenía una sensación acuciante de que estaba equivocándome, y esa sensación no me dejaba en paz».

A la mañana siguiente la chica le dijo a su madre: «Creo que me equivoqué. Voy a cambiar mi decisión». Más tarde les dijo a sus padres y a sus abuelos: «Me sentí en paz durante todo el día. Al llegar la noche supe sin lugar a dudas que al final había tomado la decisión correcta». Para ella el tema se cerró definitivamente.

A medida que pasaban los días y semanas antes de irse a la universidad, llegó a un punto en que dijo: «Me cuesta trabajo imaginarme que tuviera problemas al decidirme. La decisión que he tomado me parece tan buena, que me cuesta creer que llegara a considerar las otras tres universidades». Cuando llevaba un semestre estudiando les escribió a sus padres: «Soy muy feliz aquí. Me alegro mucho de haber aprendido a escuchar a Dios yo misma, y de haber hecho lo que Él me guió a hacer».

Esta chica había sentido una serie de impulsos que la llevaron a tomar la mejor decisión, que era el mejor plan de Dios para ella. Ahora permítanme una pregunta: ¿Cree usted que esta chica tiene ahora un entendimiento más claro acerca de cómo habla al corazón el Espíritu Santo, y de cómo nos impulsa a movernos en acciones o decisiones correctas? Por supuesto. Ella aprendió una gran lección sobre lo que significa oír a Dios y caminar sabiamente.

A lo mejor piensa: «Bueno, esto parece intuición». Yo le animaría a cambiar su terminología. Si es creyente en Cristo Jesús, entonces tiene al Espíritu Santo viviendo en usted, el cual desea guiarle paso a paso hasta completar el plan y la provisión de Dios para su vida. Para el creyente la intuición tiene un nombre: Espíritu Santo.

CUANDO NOS EQUIVOCAMOS AL OBEDECER LOS IMPULSOS DE DIOS

¿Qué debemos hacer cuando nos equivocamos al obedecer un impulso del Espíritu Santo? Primero, confiese que ha cometido un error o ha pecado contra el Espíritu Santo. Reciba el perdón. Pero luego dé un segundo paso. Hágase la pregunta: «¿Por qué me equivoqué al obedecer esta señal del Espíritu? ¿Por qué no actué inmediatamente? ¿Cómo puedo evitar que esto se repita?» No se limite a confesar su error, trate de aprender algo de él.

Por medio de aquel incidente en mi vida aprendí a no dejar el teléfono en cualquier sitio después de usarlo, sino a ponerlo en su estuche y en el lugar designado para él en la cartera o en la maleta.

Ahora bien, no es tan dramático extraviar un celular, pero hay cosas mucho más importantes que podemos perder si no obedecemos al Espíritu Santo. No se trata sólo de la pérdida de posesiones, sino de la salud, de una relación que valoramos profundamente, de una oportunidad que no se volverá a presentar, o de un encuentro que podría hacer una diferencia significativa en nuestras vidas.

ELEMENTO #6: OBSERVAR EL TRABAJO DE DIOS

Para adquirir sabiduría en la Palabra de Dios se nos desafía a «estudiar» el trabajo de Dios en el mundo que nos rodea. Dios nos llama a observar sus obras para que aprendamos sus caminos. Todas las criaturas, todas las leyes naturales, todos los acontecimientos, todos los seres humanos ofrecen una gran variedad de lecciones acerca de los métodos que usa Dios, los deseos de su corazón, y la naturaleza del plan eterno de Dios. El mundo que nos rodea refleja la creatividad de Dios, su personalidad y naturaleza inalterables.

APRENDER DE LA NATURALEZA

No tenemos que ir muy lejos para ver que Dios ha hecho a cada criatura totalmente diferente: no hay dos briznas de hierba o dos copos de nieve que sean exactamente iguales, como tampoco lo son los seres humanos.

No tenemos que ir muy lejos para darnos cuenta de que Dios es alegre y tiene sentido del humor. Prácticamente en todas las criaturas ha puesto un deseo de paz y una forma de expresar gozo. No tiene más que escuchar a un gatito maullando o ver a un cachorro menear la cola.

No tenemos que ir muy lejos para constatar que las leyes de la naturaleza no cambian. La gravedad es la misma hoy y ayer. El sol sale todas las mañanas.

En sólo estos pocos ejemplos vemos lecciones maravillosas de que los métodos de Dios siempre son susceptibles de cambiar. Su amor por cada uno de nosotros es algo único, pero sus principios no cambian. Son lecciones muy importantes sobre la naturaleza de Dios.

La Palabra de Dios dice en Proverbios 6.6: «Vé a la hormiga, oh perezoso, mira sus caminos, y sé sabio». Puede que usted piense: *¿Qué se puede aprender de una hormiga?* Hace poco hice esa pregunta a un grupo de personas, y rápidamente me respondieron:

- Cooperación
- Perseverancia
- Diligencia al trabajar
- Sacrificio
- Fuerza en la unión
- Unidad de propósitos.

¡Yo creo que se puede aprender un montón de una de las criaturas más pequeñas de Dios! Y si usted alguna vez ha tenido hormigas en la cocina, o le ha mordido una hormiga brava, aún hay más lecciones que usted puede aprender.

Jesús dijo:

> Mirad las aves del cielo, que no siembran, ni siegan, ni recogen en graneros; y vuestro Padre celestial las alimenta. ¿No valéis vosotros mucho más que ellas? ¿Y quién de vosotros podrá, por mucho que se afane, añadir a su estatura un codo? Y por el vestido, ¿por qué os afanáis? Considerad los lirios del campo, cómo crecen: no trabajan ni hilan; pero os digo, que ni aun Salomón con toda su gloria se vistió así como uno de ellos. Y si la hierba del campo que hoy es, y mañana se echa en el horno, Dios la viste así, ¿no hará mucho más a vosotros, hombres de poca fe? (Mateo 6.26-30).

Jesús no les dijo a sus discípulos que estudiaran los escritos de algún famoso erudito para poder entender el mensaje de Dios. Lo que les dijo fue muy simple: «Miren a su alrededor. Miren los pájaros y las flores. El mundo está lleno de lecciones sobre la provisión y la fidelidad de Dios».

Si usted quiere ser sabio préstele atención al mundo que le rodea. Aprenda de lo que ve y oye.

APRENDER DE LOS ACONTECIMIENTOS

El Señor desea que aprendamos no sólo del mundo natural, sino también de los acontecimientos que permite que se den en nuestras vidas. Por ejemplo, cuando nos enfrentamos con un problema o estamos sufriendo una calamidad tenemos que decirle a Dios: «¿Qué te parece esto? ¿Cuál es tu propósito para permitir que me sucedan estas cosas? ¿Qué quieres que aprenda de esta experiencia?»

Puede que alguna cosa nos parezca que es un accidente horrible...pero para Dios nada es un accidente. Nada sucede por casualidad. Dios no pierde el control en ningún momento. Aunque parezca que todo el mundo es un caos, Dios todavía está a cargo de las cosas.

Puede que algo nos produzca una chocante sorpresa, pero para Dios no lo es. No hay nada que lo encuentre con la guardia baja. Puede que alguna cosa nos parezca una maldición terrible, pero Dios no le envía el mal a su pueblo de forma consciente. Dios nos conforta y nos guía en los tiempos difíciles y en las tragedias que resultan de vivir en un mundo en que el maligno todavía actúa.

Estudie los acontecimientos. Vea la mano de Dios en ellos.

APRENDER DE OTROS

Dios no sólo desea que aprendamos de la naturaleza, de los sucesos y de la experiencia, sino también que nos convirtamos en estudiantes del comportamiento humano. Su Palabra dice: «El sabio teme y se aparta del mal; mas el insensato se muestra insolente y confiado» (Pr 14.16). ¿No ha visto usted evidencia de esto? Los que se rebelan contra Dios suelen ser personas arrogantes y que se enojan con facilidad. Por otra parte, los que sirven a Dios no buscan ambientes malos o se asocian con gente mala, sino que se apartan del mal.

Estudie a las otras personas. Observe a los que considera sabios. ¿Qué puede aprender de ellos? Mire a los que le parecen necios. ¿Cómo es su comportamiento? ¿Qué se puede aprender de ellos?

Observe no sólo lo que la gente tiene y hace; enfóquese más

bien en cómo son sus vidas. Observe cómo reaccionan ante las tragedias y catástrofes. Estudie su carácter. En Proverbios 1.10 leemos: «Hijo mío, si los pecadores te quisieren engañar, no consientas».

Los versículos que siguen ofrecen ejemplos de cómo operan los pecadores. «Acechan» para ver a quién le pueden robar o destruir. Pero ¿qué pasa cuando la calamidad los azota? La Biblia nos dice que no tienen adónde dirigirse.

> Cuando viniere como una destrucción lo que teméis,
> Y vuestra calamidad llegare como un torbellino;
> cuando sobre vosotros viniere tribulación y angustia.
> Entonces me llamarán, y no responderé;
> Me buscarán de mañana, y no me hallarán.
> Por cuanto aborrecieron la sabiduría,
> y no escogieron el temor de Jehová,
> Ni quisieron mi consejo,
> Y menospreciaron toda represión mía,
> Comerán del fruto de su camino,
> Y serán hastiados de sus propios consejos (Pr 1.27-31).

¿No ha observado esto? ¿No conoce a gente, o ha oído de gente que abiertamente rechaza a Dios y trata de conseguir todo lo posible a expensas de otros, sólo para convertirse en ancianos tristes, solitarios y amargados?

¡Aprenda de la gente! Aprenda qué cosas se deben hacer, y cuáles no. ¿Qué pasa cuando una persona da su diezmo? ¿Qué ocurre cuando no lo da? ¿Qué sucede cuando una persona deja de orar o leer las Escrituras? ¿Qué pasa cuando una persona invierte tiempo cada día en orar y en leer la Biblia? ¿Qué le acontece a una persona que deja de asistir a la iglesia regularmente? ¿Qué les ocurre a los que no sólo asisten con regularidad, sino que también se involucran activamente?

¿Qué le sucede a quien toma demasiado alcohol...se fuma dos paquetes de cigarrillos al día...consume drogas ilegales o abusa de los medicamentos...tiene aventuras sexuales ilícitas...o se gasta su sueldo en las apuestas? ¿Cómo será la calidad de la salud y las relaciones de una persona que no toma alcohol, no fuma, no consume drogas, no comete adulterio, y no se gasta su sueldo en actividades frívolas, inversiones rápidas o apuestas?

Sea buen observador. Aprenda de los ejemplos de otros.

ELEMENTO #7: ASOCIARSE CON PERSONAS SABIAS Y APRENDER DE ELLAS

Establezca amistades, socios de negocios, relaciones ministeriales y cualquier otro tipo de alianzas sólo con gente que piense que realmente camina en la sabiduría del Señor (2 Co 6.14). La Biblia habla muy claramente sobre los beneficios que resultan de asociarse con gente sabia: «El que anda con los sabios, sabio será; mas el que se junta con necios será quebrantado» (Pr 13.20).

«Pero ¿cómo puedo saber si alguien es sabio?», puede que se pregunte usted.

¡Vuelva a leer los siete consejos que le acabo de dar! La persona sabia va a ser alguien que busca sabiduría, que medita en la Palabra de Dios, que activamente obedece y aplica la Palabra de Dios en su vida. La persona sabia va a ser alguien que observa la obra de Dios en el mundo, le pide a Dios sabiduría con fe y humildad, y se da prisa en buscar y recibir de otros consejos acordes con Dios. La persona sabia va a ser alguien con amigos sabios, compañeros de trabajo sabios y socios sabios.

¿Quién ejerce mayor influencia sobre usted? ¿A quién escucha con más atención? ¿A quién «sigue»? ¿A quién admira o le gustaría parecerse? ¿Qué persona habla con más autoridad según su opinión? Las respuestas a estas preguntas revelan mucho sobre usted.

Ahora pregúntese usted mismo: «¿Esa persona que más influye en mí es una persona sabia? ¿La persona a quien más admiro y a quien me gustaría parecerme está buscando activamente adquirir más y más sabiduría divina?»

¿Cómo es el carácter de sus socios más cercanos? ¿Influyen en usted para su bien eterno?

¿Sus amigos o compañeros más cercanos hablan libre y frecuentemente de Dios o de la Palabra de Dios...o se sienten incómodos cada vez que aparece el nombre de Jesús en una conversación, o se menciona la Biblia?

¿Sus amigos o compañeros más cercanos le animan a tomar decisiones basadas en los mandamientos y principios de Dios...o los ignoran por parecerles irrelevantes o poco importantes?

¿Sus amigos o compañeros cercanos le dicen algo si creen que hace algo malo a los ojos de Dios...o le incitan a pecar?

¿Sus amigos o compañeros cercanos le edifican al recordarle el amor de Dios...o lo desaniman, lo critican y se burlan de usted?

Elija bien a sus amigos y socios. No acepte a la gente en su vida por el simple hecho de que vivan cerca de usted, sean viejos conocidos o porque se sienta obligado a ser su amigo o compañero. Elija a sus amigos y socios basándose en su carácter y compromiso con Cristo. Elija a gente sabia y piadosa. Serán una bendición para usted. Y mediante la influencia de su relación con ellos, crecerá en sabiduría.

BUSCAR CONSEJO DE ACUERDO CON DIOS

Si cree que necesita un consejo específico busque a alguna persona piadosa que sea experta en esa área o tenga experiencia en las mismas circunstancias en las que usted se encuentra. Siga las sugerencias que se basen en la Palabra de Dios.

Ninguno de nosotros hace bien en caminar a solas por la vida. Necesitamos asociarnos y tener una comunicación estrecha con otras personas que creen en Jesucristo, que estudian la Palabra de Dios y diariamente tratan de seguir a Cristo.

Tenemos que pasar cierto tiempo con personas que pasaron por las misma experiencias que nosotros estamos pasando. También necesitamos pasar tiempo con gente que ha tenido éxito en un área de la vida en la que a nosotros también nos gustaría tenerlo. Necesitamos buenas conversaciones con ellos, aprender de ellos y recibir sus sabios consejos.

Lea lo que dice la Palabra de Dios sobre esto:

> El camino del necio es derecho en su opinión;
> mas el que obedece el consejo es sabio (Pr 12.15).

> Ciertamente la soberbia concebirá contienda;
> mas con los avisados está la sabiduría (Pr 13.10).

> El oído que escucha las amonestaciones de la vida,
> Entre los sabios morará.
> El que tiene en poco la disciplina menosprecia su alma;

Mas el que escucha la corrección tiene entendimiento
(Pr 15.31,32).

Escucha el consejo, y recibe la corrección,
Para que seas sabio en tu vejez (Pr 19.20).

Hay veces que necesitamos que alguien nos diga: «No hagas esto». «No deberías hacer aquello». «Líbrate de tal hábito».

Hay veces que necesitamos escuchar consejos sabios como: «Haz esto». «Aprovecha esa oportunidad». «Pídele perdón a tal persona». «Acércate a esta otra».

Hay miles de despachos de sicólogos llenos de gente que se acerca a ellos buscando consejo, y después se van a casa y se olvidan rápidamente de todo lo que oyeron. No escuchan de verdad lo que les dice el consejero, ni lo ponen en práctica.

Hace poco hablé con una persona que un sábado por la noche fue a visitar a una mujer que estaba seriamente turbada por haber perdido la custodia de su única hija, la que además la rechazaba abiertamente cada vez que trataba de usar los permisos estipulados para visitarla. No había forma de aconsejar y alentar a esta madre. No había manera de darle consejos. Se negaba a creer que Dios aún la amaba, que podía cambiar el corazón de su hija y la relación de ambas, o que Dios aún deseaba traerle algo bueno a su vida.

Si usted rechaza de buenas a primeras los consejos sabios o las palabras de aliento de personas piadosas, y se niega a obedecer la Palabra de Dios que le comparten otras personas, es muy probable que sea víctima de la opresión y de la depresión.

Busque consejo de expertos que sean piadosos. Si necesita consejo financiero...vaya a alguien que sea hábil en el manejo de dinero. Si precisa consejos relacionados con contratos...diríjase a un buen abogado. Si requiere consejos relacionados con su salud...hable con algún especialista en el área que a usted le concierne. Y si le hacen falta consejos sobre relaciones, asuntos espirituales o sobre su desarrollo personal...vaya sin lugar a dudas a un terapeuta, consejero o psicólogo cristiano.

Busque un consejero que crea en la Palabra de Dios y que busque a Cristo en su propia vida. Busque a alguien que desee lo mejor para su vida, pero que le diga la verdad honestamente. Busque a una persona cuya forma de vivir sea piadosa. Busque a quien le dé consejos basados en los principios de las Escrituras. Si tiene dudas sobre los consejos que está recibiendo, pregúntele a la persona: «¿Cree usted en Jesucristo como su Salvador personal? ¿Cree usted que la Biblia es la verdad de Dios para saber cómo hemos de vivir?»

El buen consejo siempre incluye un equilibrio entre advertencias, reprobación, disciplina, aprobación y aliento. Si un consejero se fija todo el tiempo sólo en lo negativo, vaya a otra persona. Si un consejero siempre está de acuerdo con usted o lo único que hace es aplaudirlo, huya de esa persona. Ninguna de esas personas le va a ayudar constante y consistentemente durante largo tiempo, porque el progreso hacia la salud y la plenitud exige cambios de nosotros, que pasemos de malos a buenos hábitos, y que abracemos los buenos hábitos en nuestro pensamiento y comportamiento. Y los cambios sólo llegan después de que honestamente sopesemos tanto lo que está mal como lo que está bien en nuestras vidas.

¿Está dispuesto a dejarse convencer? ¿Está dispuesto a recibir la opinión de otros? ¿Está dispuesto a abrirse al cambio?

A fin de cuentas, todo consejo acorde con Dios es alentador, incluso si al principio conlleva reprobación o corrección. Escuche atentamente a quien parezca criticar sus acciones o actitudes. Si sabe que esa persona le ama, acepte de corazón su consejo. Analice lo que dice a la luz de la Palabra de Dios. Solicite a otros que sean sinceros con usted acerca de si la reprobación que recibió es válida. Pídale a Dios que le revele los errores que haya en su camino. No rechace de plano la crítica. Lo que en un principio le puede parecer crítica negativa puede convertirse en crítica positiva, que le puede llevar a crecimiento y a mayor éxito en la vida.

El orgullo es lo que nos impide buscar o aceptar el consejo divino. Encare ese hecho. Si realmente quiere tener todos los beneficios de la sabiduría, debe humillarse y pedirle ayuda a otros.

¡SEA VALIENTE!

Lea nuevamente lo que le dijo Dios a Josué: «Solamente esfuérzate y sé muy valiente». Dios quiere que seamos sabios, pero necesitamos fuerza y valor para buscar, lograr y aplicar la sabiduría.

Una noche fui a una reunión muerto de miedo. No quería ir. Tenía miedo de lo que pudiera suceder, pero también estaba seguro de una cosa: Dios me quería allí. No me podía salir de esa reunión porque sabía que eso sería desobedecer a Dios. Y si hubiera desobedecido a Dios en tal momento de mi vida...¿habría bendecido Dios mi ministerio futuro? No, no estaría sintiendo todo lo que estoy sintiendo hoy en el ministerio si hubiera desobedecido a Dios en esa importante coyuntura de mi vida. Temor, sí. Obediencia, siempre.

Hace varios años, cuando me preparaba para ir a vivir a Atlanta, mientras oraba Dios me mostró en una visión muy breve una nube grande y oscura sobre la silueta de la ciudad. Yo sabía que en Atlanta me esperaban problemas. Saber eso no me dio ninguna alegría. Como a ninguna otra persona, a mí tampoco me gustan los conflictos. Y un conflicto fue exactamente lo que estalló varios meses después de trasladarme a Atlanta. Temor, sí. Obediencia, siempre.

Dios no nos promete una vida sin tormentas ni truenos. Nos promete su presencia, su ayuda, sus recompensas por nuestra obediencia al hacer lo que nos manda que hagamos.

Hay veces que el temor es la primera respuesta a la guía de Dios en nuestras vidas. Decimos: «Oh, Dios, no creo que de verdad me estés pidiendo que haga eso. Debo haberte entendido mal». Sin embargo, cuanto más discutimos con Dios o tratamos de ignorar su guía, algo dentro de nosotros crece y se agita y nos hace saber: «Esto es lo que Dios quiere de verdad». Cuando llegamos a saber eso nos enfrentamos con la decisión de obedecer o desobedecer. A veces hace falta valor para obedecer, sobre todo cuando una situación parece arriesgada.

Dios nos desafía muchas veces a lo largo de toda nuestra vida. Desde su perspectiva, nunca «llegamos» a ningún punto durante nuestro tiempo de vida. Uno no puede llegar a la jubilación en el proceso de Dios, ni existe una llanura donde Él quiere que descansemos por el resto de nuestras vidas. Dios nos llama continuamente a dar pasos que están un grado más allá de nuestra habilidad actual. Dios desea que crezcamos continuamente en nuestra fe, que desarrollemos nuestra habilidad para el ministerio, y que maduremos espiritualmente. Continuamente nos traslada de nuestra zona de comodidad y confort a una zona de desafío.

Los cambios de cualquier tipo, incluyendo los de crecimiento positivo, requieren valor. Pero la buena noticia es que lo único que Dios exige de nosotros es que seamos valientes y demos el siguiente paso. No nos pide que seamos valientes para la carrera completa antes de que empecemos a correr.

Piense por ejemplo en un hombre joven que se siente llamado a predicar. Si este joven contempla la larga carrera de su futuro es muy probable que se desanime. Puede que se eche a temblar al hacerse la pregunta: «¿De dónde voy a sacar suficiente material para predicar todos los domingos por la mañana durante los próximos cuarenta años, eso sin mencionar los mensajes de los domingos por la noche, los miércoles o los cultos especiales de avivamiento?»

No hay forma de responder esa pregunta. Ese joven tiene que confiar en que Dios le dará un mensaje para cada domingo. Créame que después de llevar cuarenta años predicando aún confío en que Dios me dé un sermón más, el que tengo que predicar el próximo domingo.

Con mucha frecuencia la gente se niega a cumplir la voluntad de Dios por temor a fallar. A mí me gustaría alentarlo a usted. Dios no nos creó para que fallemos. No nos coloca en una determinada situación para vernos caer de bruces al piso.

Puede que Moisés pensara que Dios lo llamaba a fallar. Desde una perspectiva humana no resulta sensato que alguien que tuvo que huir para no ser perseguido regrese al gobernante del país con un bastón en la mano, y le diga: «Permite al pueblo de Dios marcharse». Moisés le presentó a Dios todo tipo de argumentos: «No soy nadie». «No sé qué decir». «No sé hablar bien». Tenía miedo de que nadie le creyera o le escuchara. Le pidió a Dios que enviara a alguna otra persona (Éx 3,4).

Pero Moisés acabó obedeciendo. Fue paso a paso; se juntó con su hermano Aarón, a quien Dios preparó para ayudarlo; se encontró con los hijos de Israel; se reunió con Faraón una y otra vez, tras cada una de las diez plagas que siguieron a la negativa de éste de dejar que los israelitas se marcharan. Moisés fue paso a paso para salir de Egipto, atravesar el desierto y subir al Monte Sinaí para reunirse con Dios.

En ningún momento le reveló Dios a Moisés todo lo que tendría que enfrentar en su obediencia, pero todas las veces le dijo a Moisés: «Estoy contigo, te conduciré al lugar que he preparado para ti y para mi pueblo».

Esa misma promesa de Dios es para nosotros también. Dios promete estar siempre con nosotros. Promete llevarnos al lugar que ha preparado para nosotros. Lo que nos toca a nosotros es confiar en Él paso a paso.

CAPÍTULO CINCO

SABIDURÍA PARA ENFRENTAR LA TENTACIÓN

Tengo que reconocer que un cogollo de lechuga no me llama nada la atención ya tarde en la noche. En cambio, un pote de helado de buena calidad de chocolate, fresa, nueces o melocotón... ya es otra historia. A veces me sorprende ver lo rápido que desaparece el helado de mi refrigerador.

Todos tenemos que enfrentarnos a las tentaciones. No hay ningún creyente que sea inmune a ellas. Y algunas de las cosas que nos tientan parecen presentársenos todos los días.

¿Cuál es la tentación más fuerte a la que se tiene que enfrentar usted? ¿Le parece que cede a esta tentación más de lo que la resiste? ¿Qué tiene de especial esa tentación que hace que usted caiga en ella, aun sabiendo que la Palabra de Dios nos manda otra cosa?

Todos nosotros somos vulnerables en ciertas áreas, y hay momentos en que somos menos fuertes. ¿Ha identificado las áreas de su vida o los momentos en los que parece más vulnerable a la tentación?

Todos nosotros somos responsables de nuestro comportamiento y de las decisiones que tomamos. No podemos evitar la tentación, pero sí podemos controlar nuestra respuesta a ella. Si cedemos a una tentación podemos elegir nuestra siguiente respuesta: ¿Nuestra primera reacción después de haber caído en la tentación es maldecir a Dios, a alguna otra persona, o alguna circunstancia?

LA NATURALEZA DE LA TENTACIÓN

La tentación es ser seducidos a llevar nuestros deseos naturales, dados por Dios, más allá de sus límites. Pongamos como ejemplo el deseo de comer. Comer no tiene nada de malo, todos necesitamos hacerlo; el hambre es un impulso natural, dado por Dios. Pero Dios también nos pone límites concernientes a cuánto y qué debemos comer para tener buena salud. Otro ejemplo: la actividad sexual dentro de los límites del matrimonio no tiene nada de malo, pero cuando nos salimos de esos límites, entramos en la zona del pecado.

LAS FUENTES DE LA TENTACIÓN

Las tentaciones vienen de tres fuentes principales: el mundo, la carne y el diablo.

El mundo. Todos nosotros tenemos que enfrentarnos con las incontables tentaciones que nos ofrece el mundo. Los medios visuales nos presentan una embestida de imágenes de cosas que debemos desear para ser aceptados, poderosos o atractivos. Continuamente nos llega la seducción de comprar más, disfrutar más, sentir más y tener más. Usted decide más de qué: más poder, más sexo, más fama, más placer, más dinero, más aplausos, más, más, más.

La carne. Nos enfrentamos con las tentaciones que surgen de nuestros propios sentidos y de nuestras propias necesidades físicas y emocionales. Como seres humanos, nuestros impulsos básicos y naturales son los relacionados con nuestra necesidad de alimento, refugio, calor, afecto, sexo, compañerismo, aceptación, dignidad y propósito.

El diablo. También nos enfrentamos con tentaciones que vienen directamente del diablo. Nos tienta de la misma forma que lo hizo con Jesús: nos hace creer que estamos por encima de las leyes de Dios cuando se trata de nuestra propia gratificación, de buscar cómo ser alabado y adorado por otras personas, y de manipular y mandar en otros, buscando nuestro provecho personal (Mt 4.1-11). El diablo ha estado tentando a la humanidad desde el principio, sin cambiar su propósito ni sus métodos.

¿DIOS NOS TIENTA?

¿Y qué pasa con Dios? ¿Nos tienta? No. La Biblia es muy clara en este punto:

> Cuando alguno es tentado, no diga que es tentado de parte de Dios; porque Dios no puede ser tentado por el mal, ni él tienta a nadie; sino que cada uno es tentado cuando de su propia concupiscencia es atraído y seducido. Entonces la concupiscencia, después que ha concebido, da a luz el pecado; y el pecado, siendo consumado, da a luz a la muerte (Santiago 1.13-15).

Dios nunca incitará a una persona a que actúe de forma contraria a sus mandamientos. Él no se asocia en absoluto con el pecado, y desde luego, no incita a su pueblo a que peque y a que sufra las consecuencias del pecado.

De vez en cuando hay gente que me dice: «He orado una y otra vez, pero Dios no me ha quitado la tentación. No entiendo por qué sigue tentándome». Estas personas están confundiendo la tentación (que es una seducción a desobedecer los mandamientos de Dios) con las pruebas, que siempre son permitidas por Dios para que seamos más fuertes, más puros, más maduros en nuestra fe, y más efectivos en nuestro testimonio. Dios nos prueba para que podamos eliminar el pecado de nuestras vidas o para manifestar su fidelidad. Nos prueba para que crezcamos y nos desarrollemos de una forma que sea agradable a Él y buena para el ministerio. Los tiempos de prueba son buenos para nosotros.

Con las tentaciones se trata de algo completamente diferente, ya que llegan a nosotros con el propósito de derrotarnos, atraparnos, esclavizarnos y, en última instancia, destruirnos. Dios permite que seamos tentados, esto es parte del regalo del libre albedrío, pero Dios nunca inicia las tentaciones, y nunca nos da permiso para caer en ellas.

Un acto de rebeldía. Rendirnos a la tentación es al fin y al cabo un acto de orgullo personal y de rebeldía contra los mandamientos de Dios. Cuando caemos en la tentación le estamos diciendo a Dios: «Quiero lo que quiero y no lo que tú quieres. Quiero responder a mis necesidades a mi manera, en mi tiempo, y para mi satisfacción personal».

Cuando nos rendimos a la tentación nos sentimos culpables y avergonzados. Nuestra relación con Dios se afecta, y sentimos que valemos menos y somos menos aceptados por Dios.

El resultado final de la tentación es que nos convertimos en esclavos del pecado. La mentira del diablo consiste en decirnos que un trago no nos va a hacer daño, una aventura no nos va a destruir, un ataque de cólera no dañará una relación, o servirnos otra ración no nos matará. La tentación comienza siempre como un hilo delgado...que se convierte en un cordel...que se convierte en una cuerda...que se convierte en una soga.

¿La tentación es pecado? No. El hecho de ser tentado no es un pecado. Jesús fue tentado, y la Biblia nos dice claramente que vivió sin pecado ni engaño (1 Pedro 2.22). El pecado tiene lugar cuando caemos en la tentación. Cuando cedemos a ella es cuando pecamos.

Un pensamiento que nos viene a la cabeza no es un pecado. Jesús tuvo que pensar en lo que le dijo el diablo en el desierto, tuvo que lidiar con los pensamientos tentadores apuntados por el diablo. El pensamiento de pecado no es lo mismo que el acto de pecado. Cuando actuamos con pensamientos tentadores de una forma que traspasa los límites de los mandamientos de Dios es cuando entramos en pecado.

Si Satanás le susurra a usted: «Bien, si has estado pensando en eso...también deberías hacerlo», la respuesta de usted debería ser rápida: «Nada de eso, pensar y actuar son dos cosas completamente diferentes».

CÓMO LIDIAR SABIAMENTE CON LA TENTACIÓN

Hay varias cosas sobre la naturaleza de la tentación que tenemos que entender para enfrentarnos a ella con sabiduría. El apóstol Pablo escribió a los Corintios:

Así que, el que piensa estar firme, mire que no caiga. No os ha sobrevenido ninguna tentación que no sea humana; pero fiel es Dios, quien no os dejará ser tentados más de lo que podéis resistir, sino que dará también juntamente con la tentación la salida, para que podáis soportar (1 Corintios 10.12-13).

Estos dos versículos están repletos de verdad.

TODOS SOMOS TENTADOS

Nadie se libra de la tentación. Si usted piensa que es demasiado fuerte, demasiado justo, o demasiado maduro espiritualmente como para ser tentado...usted mismo se está tendiendo una trampa.

Incluso Jesús fue tentado. El diablo se le presentó tres veces al Hijo de Dios durante una estancia de cuarenta días en el desierto y le tentó a abandonar su relación con Dios el Padre. Si el diablo se atrevió a tentar al Hijo Unigénito de Dios, y con esas proposiciones, ¿qué le hace pensar a usted que está por encima de las tentaciones?

Ahora, hay ciertas formas de tentación que probablemente no impactarán a ciertas personas. No todas las personas pueden ser tentadas por todo, y no toda la gente es tentada por las mismas cosas. Cada uno de nosotros es propenso a ciertas tentaciones. Las tentaciones también pueden ir cambiando a medida que una persona pasa por las diferentes etapas de la vida. Lo que le tienta a una persona cuando es adolescente puede que no le tiente a los cincuenta años.

No sólo todos somos tentados, sino que debemos reconocer que nunca seremos expertos en tratar con la tentación. Nadie llega a un cierto punto de su vida en que pueda permitirse el lujo de jugar con fuego. Está claro que un niño tiene que tener cuidado con las cerillas, pero los adultos también. El fuego tiene un potencial devastador, y siempre hay que tratarlo con cuidado. Con la tentación pasa lo mismo.

Todos los que manejan coches, y especialmente en las autopistas, saben que no pueden permitirse manejar sin cuidado. Lo mismo se puede decir de un piloto: no importa que tenga mucha experiencia, el piloto sabe que cualquier frente tormentoso o turbulencia es un desastre potencial. Por mucha experiencia que tenga un piloto o un conductor, las condiciones siempre exigen que maneje o vuele con conciencia y precauciones extremas. Una persona sabia vive de la misma forma consciente y precavida. Deberíamos estar siempre preparados para resistir la tentación. El diablo no cede.

Nunca llegará el momento en que podamos decir con arrogancia: «Puedo manejar esto. He resistido tantas veces la tentación que soy inmune a sus efectos». Si usted baja la guardia y se descuida en la forma de tratar la tentación se está preparando para un desastre.

A lo largo de los años hay gente que me ha dicho: «No creo que una persona madura y piadosa sea tentada tanto como un no creyente». Mi respuesta es ésta: Una persona madura y piadosa probablemente es tentada ¡más que un no creyente! El no creyente ya está en el campo del diablo, así que ¿para qué tendría éste que perder el tiempo tentándolo? En cambio, el cristiano maduro y piadoso es la persona que probablemente le hará más daño a las empresas del diablo. ¿El enemigo más peligroso no es aquel a quien deseamos destruir con más ganas?

Una persona es o bien amiga o enemiga del diablo. Lo más seguro es que sus enemigos sean el blanco de sus ataques.

Hace años un hombre me advirtió: «Si alguna vez llevas al extranjero el ministerio In Touch, ten mucho cuidado. Una cosa es predicar el evangelio donde el nombre de Jesús todavía es reverenciado por un porcentaje significativo de la población, y algo muy diferente es predicar el evangelio en áreas donde la influencia del diablo es fuerte, y el nombre de Jesús es odiado con creces». Ese hombre tenía toda la razón.

Cuando hicimos nuestros planes para lanzar una emisora de radio mundial con el mensaje del evangelio diariamente, el diablo hizo lo imposible para atacarnos por todas partes. ¿Cómo reaccionamos? Seguimos alabando a Dios, obedeciéndole... y transmitiendo.

LAS TENTACIONES SON UNIVERSALES

Todas las formas de tentación son universales. No hay nada a lo que nos enfrentemos que no lo hayan sufrido ya muchas otras personas, tanto ahora como a lo largo de la historia. La tecnología ha avanzado con los años, pero la naturaleza humana no ha cambiado. Sería un gran error si concluyéramos: «Esta tentación es propia de mí. Soy tentado de una forma única, ésta es una tentación más fuerte que la que sufren otros. Nadie puede entender por lo que estoy pasando. Dudo que nadie pueda resistir esta tentación, así que seguramente Dios no espera que yo lo haga».

Todas estas conclusiones son erróneas.

NUESTRO AYUDADOR PARA RESISTIR LA TENTACIÓN

El Espíritu Santo nos ayuda a resistir la tentación, sea cual sea la naturaleza de ésta. Esto no se aplica a los que no han recibido a Jesucristo como Señor y Salvador y no tienen al Espíritu Santo viviendo en ellos como un Consejero siempre presente, un Consolador, una fuente de poder. El incrédulo se encuentra solo a la hora de la tentación. El creyente, por el contrario, tiene a alguien que le ayuda a resistir cualquier tipo de tentación. El creyente tiene la seguridad de que Dios no permitirá que sea tentado más de lo que puede soportar, además de contar con la ayuda del Espíritu Santo.

Tenemos que reconocer el hecho de que no «caemos» en una tentación distraídamente y por causalidad. Caminamos a la tentación, y a veces incluso corremos hacia ella. Caer en la tentación no es algo que nos sucede porque sí, sino que la voluntad está involucrada en ello. Siempre hay un momento en que podemos decir no. En ese momento es cuando debemos volvernos al Espíritu Santo y decirle: «¡Ayúdame!».

¿Cuál es su primera respuesta cuando se enfrenta a la tentación? ¿Comienza usted a racionalizar la situación inmediatamente porque sabe que va a ceder a la tentación? ¿O pasa usted inmediatamente a poner resistencia, confiando en que el Espíritu Santo lo guíe en ese momento?

DIOS SIEMPRE PROPORCIONA UNA SALIDA

Dios nos promete una salida para cada tentación para que podamos soportarla. Dios no nos promete eliminar la tentación de nuestras vidas, sino que nos da poder para resistirla y superarla.

La respuesta de muchas personas a la tentación es tratar de huir de ella. Pero ¿adónde y a quién van a correr? No escapará de la tentación cambiando de trabajo o de ciudad. No huirá de la tentación cambiando de iglesia o de barrio. No evadirá la tentación involucrándose en una relación nueva. No importa dónde estemos, siempre somos los mismos.

Por supuesto que hay veces que sí tenemos que huir. Pablo le escribió a Timoteo: «Huye también de las pasiones juveniles» (2 Timoteo 2.22). Hay veces en que tenemos que levantarnos y retirarnos de la mesa, alejarnos de la persona que nos ha preocupado, o salirnos de una determinada situación, habitación o conversación. Pero estar siempre huyendo no va a resolver el tema de la tentación. Hay veces en que lo que tenemos que hacer es enfrentarnos a la tentación y decir que no. No podemos huir de la propensión a ceder a un pecado concreto, sino que tenemos que enfrentar esa área de vulnerabilidad en nuestras vidas y tratar con ella.

Pero ¿cómo?. ¿Cómo podemos defendernos contra la tentación?

CONSTRUIR UNA DEFENSA CONTRA LA TENTACIÓN

Para construir una buena defensa contra la tentación debemos poner en práctica en nuestras vidas ciertos mecanismos de control, que han de trabajar todos juntos.

1. Tome la decisión de obedecer a Dios. Si usted nunca ha resuelto completamente el tema de la obediencia en su vida, haga hoy mismo el compromiso de obedecer los mandamientos de Dios. Dígale al Señor: «Elijo obedecerte. Sé que seré tentado, pero elijo hacer las cosas a tu manera. Escojo confiar en que tú me ayudarás a vivir una vida piadosa».

Asiente en su corazón un deseo de resistir el mal y de estar firme frente a la tentación. Haber decidido esto, haber puesto las cosas en su sitio antes de encararnos a la tentación, puede hacer una gran diferencia en cuanto a caer en una tentación o resistirla con éxito.

Después de eso debe llevar su compromiso un paso más allá. Imagínese a usted mismo diciendo «no» a una tentación que cree que es probable que se presente en su vida. Suponga que le ofrecen una bebida alcohólica en una fiesta...y después imagínese diciéndole «no» a esa bebida, y tomando en vez de eso una taza de té o un refresco. Piense que está en una tienda, contemplando un artículo que le gustaría tener, pero no debería comprar...y después imagine que le dice «no» a esa compra y sale de la tienda. Cuando se imagine a sí mismo resistiendo la tentación, dígase a sí mismo lo que dice la Palabra de Dios: «Todo lo puedo en Cristo. Me basta su fuerza. Soy una nueva criatura en Cristo, y mi mente se renueva por el poder del Espíritu Santo. Dios no me ha creado para el pecado, sino para la justicia, las bendiciones y la vida victoriosa. Muchas gracias, Señor, por ser suficiente para mí. Siempre me estás ayudando con todo». Dígase a sí mismo la Palabra de Dios en su corazón.

Esta forma de visualizar el comportamiento piadoso, además de verbalizar la Palabra de Dios y nuestra fe en Él es un entrenamiento mental muy efectivo. Cuando practicamos comportamientos y respuestas piadosas en nuestra mente y en nuestro corazón es mayor la probabilidad de demostrar esos comportamientos y respuestas cuando se nos presente la tentación.

¡Cambie de cinta! No escuche siempre las mismas cintas de fracaso en su mente. ¡Cree cintas nuevas! Imagínese a sí mismo caminando en pureza y fuerza. Verbalice su fe y confianza en Dios.

2. Identifique sus áreas personales de tentaciones frecuentes. Puede que en algunas áreas de su vida aparezca una tentación casi constante. Esas son las áreas en que es más vulnerable, y las áreas en las que tiene que confrontar la tentación directamente.

Hay gente que está tan echa pedazos emocionalmente que se encuentran cediendo a la tentación sin haber pensado en ella en absoluto. Simplemente siguen sus impulsos más inmediatos. Si éste es su caso, tiene que ocuparse de su salud emocional y de buscar ayuda.

3. Atienda las necesidades que lo hacen vulnerable. Atienda las necesidades de su propia vida. Las tentaciones siempre atacan en un área de necesidad. Puede tratarse de la necesidad de una autoestima mejor, mayor atención, mayor apreciación o aprobación, necesidad de amor y afecto, puede tratarse de una necesidad física o sexual, o de una necesidad enraizada en la soledad o el orgullo, entre otras cosas. Pregúntese a sí mismo al enfrentar la tentación: «¿Existe alguna otra forma, una forma buena, correcta, de conseguir esta necesidad en mi vida?» La respuesta es siempre «sí». Dios siempre tiene una alternativa conforme a Él para responder las necesidades más profundas de su vida. Él quiere que usted tenga su sabiduría acerca de cómo atender sus necesidades emocionales más profundas. Investigue en la Palabra de Dios. Obtenga consejo piadoso. Encare sus necesidades e identifique la solución de Dios, la respuesta de Dios y los métodos de Dios.

4.*Detenga el proceso mental de la tentación.* Tenemos que comprender el proceso de la tentación para poder entender mejor cómo detenerlo.

Todas las tentaciones comienzan con pensamientos. Normalmente son pensamientos que parecen surgir de la nada. Muchas veces aparecen durante la oración. No me diga que nunca ha tenido un pensamiento repentino, malvado, mientras estaba orando...porque entonces tendré que preguntarle acerca de la intensidad y de la frecuencia de sus oraciones. Los momentos en los que hablamos con Dios suelen ser los que elige el maligno para atacarnos. Suele ponernos delante nuestro pasado y nuestro presente para «acusarnos» delante del Señor.

Cuando la tentación nos ataca tenemos la oportunidad de agarrarnos de esa idea. Podemos nutrirla, alimentarla, entretenerla y permitir que crezca. O podemos cerrarla rápidamente y forzarnos a pensar en algo diferente, algo virtuoso.

Si tomamos la decisión de aferrarnos a una idea tentadora, ésta se convertirá en una fantasía. En el nivel de la fantasía nos resulta agradable pensar en algo que va en contra de la sabiduría de Dios. Moldeamos la idea para convertirla en algo que cosquillea nuestros apetitos, deleita nuestros sentidos, y nos trae sentimientos agradables. Empezamos a imaginarnos cómo sería tener cierto objeto, probar cierta sustancia o entrar en una relación con una determinada persona, siempre resaltando el placer y la autogratificación. Disfrutamos la fantasía.

Si en ese momento no frenamos la tentación, la fantasía se convertirá en un deseo. Comenzamos a imaginarnos que la fantasía se convierte en realidad. Comenzamos a desear el objeto o la experiencia sobre la que hemos fantaseado.

Un deseo llama a la voluntad al equilibrio. Nos enfrentamos a la opción de actuar con respecto a esto o no. Si consentimos y hacemos la elección de actuar a favor del deseo ilícito, entonces pecamos.

La secuencia de cada tentación a la que nos enfrentamos es: pensamiento, fantasía, deseo, elección, y decisión consciente de ceder. El proceso puede ser muy rápido, cuestión de segundos. Hay veces que podemos estar metidos tan profundamente en el hábito de caer en una cierta tentación que el pensamiento y la decisión parecen suceder casi a la vez.

Cuanto más lejos vayamos en el proceso de la tentación, más difícil será resistirla. Cuanto más rápido sea el paso del pensamiento al consentimiento, será más probable que consintamos, y que esta área de tentación se convierta en un hábito en nuestras vidas.

Hace algún tiempo hablé con una mujer joven que se había divorciado. El hombre con el que se casó había caído en un pecado sexual profundo. Le pregunté que cuándo pensaba que podría haber empezado el problema. Me dijo: «Probablemente en su infancia. Sé que cuando era adolescente él y sus amigos solían ver revistas pornográficas».

Luego dijo: «Pero lo más seguro es que el problema se desencadenara durante nuestra luna de miel. Fuimos a San Francisco, el segundo día de nuestro matrimonio salió a correr por la ciudad y estuvo fuera durante casi dos horas. Volviendo la vista atrás, sospecho que estuvo corriendo por alguna parte de la ciudad donde abundan las fotos de sexualidad explícita, las tiendas de artículos para el sexo y los lugares de encuentro de los homosexuales. Como estuvo fuera durante tanto tiempo me imagino que no se limitó a pasar corriendo delante de esas fotos, sino que también entró en alguna de esas tiendas y bares. Desde aquel día las cosas no funcionaron bien. Creo firmemente que todo lo que permitió que entrara y se aposentara en su mente aquella mañana fueron semillas que más tarde se convirtieron en una cosecha de pecado sexual».

El mejor momento para ponerle freno a una tentación es cuando aún es una idea. Tenemos que confrontar la tentación a pecar con alguna idea que sea piadosa. Esa idea puede ser una oración pidiéndole ayuda a Dios...o enfocar la mente en algún objetivo que nos ha marcado el Señor...o en algún versículo de las Escrituras, el cual podríamos repetir en voz alta.

Si ha identificado algún área específica de vulnerabilidad en su vida, comience a armarse de versículos que se refieran a esa área. Memorícelos para recitarlos cuando enfrente la tentación. Prepárese con antelación para que cuando llegue el momento álgido de la tentación usted tenga un arsenal completo de versículos como parte de su respuesta.

5. *Confronte los elementos engañosos.* La promesa del pecado es satisfacción inmediata sin castigo. Pero la verdad es que siempre hay un castigo para el pecado. Ese castigo puede no ser tan inmediato como la satisfacción, pero ya llegará. Y esto es especialmente cierto para el pecado sexual. El pecado sexual no es sólo muy dañino para una persona, sino que es un pecado que rápidamente se convierte en hábito. Cada acto de pecado sexual debilita la habilidad de una persona para resistir futuras tentaciones de involucrarse en un pecado sexual. Quien tiene una aventura es probable que se meta en otra, y luego en otra, y luego en otra. Los que son muy promiscuos prácticamente no tienen habilidad para decir «no» a la tentación sexual.

Puede que esté pensando: *Yo no hago más que ver a gente promiscua, y no sufre castigo por su pecado.* Puede que no vea el castigo, pero ahí está, ya está trabajando, consumiendo su salud emocional y física y haciendo un trabajo destructivo en sus espíritus. Incluso si la persona afirme no sentir culpa, ahí está la culpa. Incluso si la persona no ve que sus emociones están dañadas, así es.

Uno de los castigos más severos para el pecado sexual repetido se manifiesta cuando una persona por fin conoce a alguien a quien llega a amar profundamente y con quien desea comprometerse totalmente. La persona será incapaz de darse totalmente a quien ama.

Si éste es su caso, debe enfrentar su pecado y pedirle a Dios que lo perdone, lo limpie, lo sane y le otorgue de nuevo la habilidad de serle fiel a la otra persona para el resto de su vida. Pídale a Dios que le dé la habilidad de amar generosamente y de todo corazón.

Un mecanismo de defensa que podemos desarrollar contra la tentación es empaparnos de la verdad de los mandamientos y promesas de Dios. Tenemos que tener ideas claras sobre las consecuencias inevitables del pecado. Si usted sabe que el horno está caliente es menos probable que lo toque. Si usted sabe que un arbusto tiene espinas largas y agudas, es menos probable que pretenda pasar por él. Lo mismo pasa con la conciencia de la disciplina por el pecado. Funciona como una barrera invisible que nos impide cruzar la línea que hay entre el deseo y el consentimiento. Si usted no permanece en la verdad, se tropezará con la mentira.

A la hora de enfrentar la tentación hágase inmediatamente la pregunta: «¿Esta idea está en consonancia con la Palabra de Dios? ¿Esta tentación es una violación de los mandamientos de Dios? ¿Cuáles serían las consecuencias de caer en esta tentación? Evalúe tanto las consecuencias inmediatas como las a largo plazo. Evalúe las consecuencias para los que le rodean. Evalúe el impacto en su vida futura y la efectividad en el reino de Dios.

Pregúntese: «¿Estoy preparado para pagar las consecuencias? ¿Estoy preparado para perder bastante más de lo que podría ganar?»

Hay veces que no podemos ver ciertas situaciones con claridad. Puede que tengamos problemas para discernir si algo es una tentación. Puede que tengamos dificultades en enfocarnos en el cuadro completo de nuestras vidas.

Por estas razones es muy importante que tengamos relación con alguna persona a quien tengamos que dar cuentas de nuestro comportamiento.

6. *Póngase toda la armadura de Dios*. Hay otra defensa muy valiosa que puede construir en su vida, la cual yo he usado durante muchos años. Muchísima gente a la que les he enseñado esta táctica defensiva me han dicho lo valiosa que ha sido en sus vidas. Les recomiendo fuertemente que cada mañana, antes de salir de la cama, se ponga toda la armadura de Dios. Pablo escribió en Efesios 6:

Por lo demás, hermanos míos, fortaleceos en el Señor y en el poder de su fuerza. Vestíos de toda la armadura de Dios, para que podáis estar firmes contra las asechanzas del diablo. Porque no tenemos lucha contra sangre ni carne, sino contra principados, contra potestades, contra los gobernadores de las tinieblas de este siglo, contra huestes espirituales de maldad en las regiones celestes. Por tanto, tomad toda la armadura de Dios, para que podáis resistir en el día malo, y habiendo acabado todo, estar firmes. Estad, pues, firmes, ceñidos vuestros lomos con la verdad, y vestidos con la coraza de justicia, y calzados los pies con el apresto del evangelio de la paz. Sobre todo, tomad el escudo de la fe, con que podáis apagar todos los dardos de fuego del maligno. Y tomad el yelmo de la salvación, y la espada del Espíritu, que es la palabra de Dios; orando en todo tiempo con toda oración y súplica en el Espíritu, y velando en ello con toda perseverancia y súplica por todos los santos (vv. 10-18).

¿Qué significa ponerse la armadura todos los días? Significa orar diciendo: «Señor, me pongo el yelmo de la salvación para proteger mis pensamientos. Me pongo la coraza de la justicia para proteger mis emociones. Ciño mis lomos con la verdad para producir y crear verdad, no error. Me pongo las sandalias con el apresto del evangelio de la paz para ser mensajero del amor y la misericordia de Dios. Tomo la espada del Espíritu para que la Palabra de Dios trabaje hoy en mí y por medio de mí. Me armo del escudo de la fe para protegerme contra todas las tentaciones, acusaciones y asaltos del diablo contra mi vida, mi mente y mi corazón». Ponerse la armadura de Dios es ponerse el poder de Jesucristo. Es declarar que Él es nuestro Señor, y nosotros, sus siervos.

La disciplina de ponerse toda la armadura de Dios cada mañana es un poderoso recordatorio para nuestro propio espíritu de que no vivimos para nosotros, sino que vivimos, nos movemos y existimos en Cristo Jesús. Es un poderoso recordatorio de que debemos confiar en que el Espíritu Santo guardará nuestros pensamientos, nuestros sentimientos, nuestras acciones, lo que producimos, lo que creemos y cómo respondemos a la vida.

7. *Enfóquese en el cuadro completo.* La mentira que usa el diablo con nosotros es hacer que nos enfoquemos en nuestros deseos. Parte de sus tentaciones conllevan a excluir lo que dice la Palabra

de Dios, lo que dice la ley, lo que piensan otros y lo que dicta el sentido común. Deja fuera las restricciones.

Si voy a las montañas para hacer fotografías tengo varias opciones: puedo usar un gran angular para tratar de tomar todo el panorama de las cimas. O puedo ponerle un teleobjetivo a la cámara y enfocarme en un solo aspecto de la montaña: un glaciar que sale de la roca, o un barranco. Si uso un teleobjetivo aún más potente es posible que pueda fotografiar un oso o una cabra de montaña. Cuando uso este tipo de teleobjetivos ya no veo el gran cuadro de la escena montañosa, sino que me limito a un solo elemento, y ese elemento domina mi concentración.

Exactamente lo mismo sucede con la tentación al pecado. Cuando nos enfocamos sólo en lo que necesitamos en un momento dado, entonces perdemos el sentido global de nuestras vidas. Excluimos todo pensamiento de disciplina por el pecado, y nos enfocamos sólo en el placer que creemos que llegaremos a sentir. Para construir una defensa contra esta táctica del diablo tenemos que tener siempre en mente la imagen global de nuestras vidas. Tenemos que permanecer diariamente en la Palabra de Dios. Tenemos que leer la Biblia todas las mañanas, y recordar a lo largo del día lo que leímos. Tenemos que buscar emisoras cristianas en la radio para recibir mensajes piadosos y música que honre a Dios. Tenemos que pasar tiempo con familiares y amigos para mantener nuestra perspectiva de la vida. Tenemos que mantener un sentido de obligación, responsabilidad y deber con aquellos que amamos.

8. *Cuide las puertas de la percepción.* También tenemos que tener cuidado de lo que admitimos en nuestras vidas. El mejor lugar para decirle no a las tentaciones relacionadas con la comida es el supermercado, y no delante del refrigerador. No lleve a su casa los ali-

mentos que le tientan. Si no tengo helado de melocotón en el congelador, entonces no puedo ser tentado a tomarme un tazón antes de irme a la cama. De la misma forma, el mejor movimiento que podemos dar para cortar la tentación de gastar demasiado dinero o comprar cosas que no necesitamos es evitar ir al centro comercial y apagar la televisión. No vea el programa de compras. No pase tiempo dando vueltas tontamente en el centro comercial sólo para ver qué hay. Si cree que puede ser tentado a ver ciertos programas o películas que sabe que no presentan comportamientos piadosos, no contrate cables o satélites que le ofrezcan esos programas.

No vaya a lugares donde suele ser tentado. No ande con gente que normalmente trata de inducirle a comportamientos que sabe que son pecaminosos. No se haga de sustancias que le pueden hacer daño sólo para «probar», sabiendo de antemano que la sustancia es potencialmente dañina.

Anticipe en su mente los puntos problemáticos. Cada mañana repase su agenda con el Señor y pídale ayuda concreta al Espíritu Santo cuando se enfrente con situaciones que sabe que le pueden tentar.

Evite ponerse en circunstancias en las que se le puede nublar la percepción. Trate de recordar estos cuatro puntos:

- Hambre. Nunca se permita llegar a tener demasiada hambre.

- Enojo. Nunca se permita llegar a enojarse demasiado.

- Soledad. Nunca se permita llegar a estar demasiado solo.

- Agotamiento. Nunca se permita llegar a estar demasiado cansado.

Cuando tenemos hambre, estamos enojados o cansados, o nos sentimos solos es cuando más susceptibles somos de caer en la tentación. Es fácil comer más de la cuenta o comer lo que no nos conviene cuando estamos muertos de hambre. Es fácil que busquemos contacto con alguien que no es bueno para nosotros si nos sentimos demasiado solos. Es fácil usar sustancias para calmarnos cuando nos sentimos enojados. Es fácil que se nos convenza para comportamientos pecaminosos cuando estamos agotados.

Dése cuenta también de que hay ciertas ocasiones especiales que son más propicias para que aparezca la tentación: aniversarios, vacaciones, cumpleaños o cualquier otro tipo de celebración. En esas ocasiones solemos ser más indulgentes con nosotros mismos, bien porque nos damos una recompensa a nosotros mismos o por compensarnos por memorias dolorosas asociadas con esos mismos eventos en el pasado.

9. Busque a alguien a quien rendirle cuentas. Rendir cuentas es importante sobre todo si se enfrenta con frecuencia a las tentaciones, o si se encuentra tratando con una misma tentación una y otra vez. Hágase de algún mentor o consejero fiel, devoto, que sea siervo de Cristo, que crea en la Biblia, o simplemente de un amigo cristiano al que pueda dar cuentas de su comportamiento. Admita las áreas de tentación que son especialmente fuertes en su vida. Si una tentación le golpea, y está luchando para resistirla, llame a esa persona. Confiésele los sentimientos que tiene, y pídale aliento, consejo u oración. Pídale a esa persona que se reúna periódicamente con usted y que le pregunte cómo le van las cosas con la propensión a pecar en esa área específica de su vida.

Hay muchos grupos diseñados para ayudar a gente con adicciones, que cuentan con patrocinadores a los que los adictos se pueden dirigir en busca de apoyo, aliento y consejo. Esto no es más que aplicar un principio bíblico. Jesús envió a sus discípulos «de dos en dos». Lo hizo en parte para que se prestaran apoyo mutuo, y en parte para que se rindieran cuentas mutuamente, se dieran buenos consejos, y oraran el uno por el otro. La verdad de Dios se establece por boca de dos testigos. Cuando uno habitualmente se expresa a sí mismo la verdad de Dios, y un amigo cercano también le expresa la verdad de Dios, ésta llega a dominar sus pensamientos y su comportamiento.

Debe desear ser capaz de resistir la tentación y fortalecerse en áreas en las que es vulnerable. Usted debe decidirse por la obediencia.

10. *Clame a Dios en busca de ayuda.* Recuerde siempre que Dios siempre tiene el control de las cosas. No le abandona en situaciones tentadoras o le dice: «Tienes que arreglártelas solo en esto». ¡No! Él está con usted en todo momento y situación, y desea que le pida ayuda cada vez que es tentado.

Más aún: Dios le ha puesto límites al grado de la tentación. Él es quien desea ayudarle a escapar de la trampa de la tentación. La mejor defensa en los momentos de tentación es clamar a Dios y pedirle ayuda.

Si usted ha cedido ante la tentación, o si una tentación determinada se ha hecho habitual, entonces es fundamental clamar a Dios. Sólo Él puede librarlo de las ataduras en las que usted mismo se ha metido.

Hace poco escuché la historia de un hombre cuya esposa, a la que amaba mucho, había muerto de una enfermedad muy dolorosa cuando tenía poco más de cuarenta años. Este hombre había servido a Dios toda la vida, pero en el período que siguió a la muerte de su esposa, se enojó mucho con Dios por no sanarla. Dejó de ir a la iglesia, de juntarse con cristianos fuertes, de leer la Biblia y de orar. En vez de eso empezó a pasar tiempo con una mujer que vivía de espaldas a Dios, y que era ostentosa, atrevida y enérgica. A la luz de su pena y dolor le parecía que así debía vivir. A pesar de los consejos de sus hijos, sus hermanos y hermanas, sus padres y muchos de sus amigos cristianos, se fue a vivir con esa mujer. Vivieron de una forma terrible durante casi seis años. Su relación se caracterizaba por discusiones casi constantes, jarrones arrojados a la pared, lenguaje abusivo, alcohol, así como una ausencia casi total de episodios piadosos, amigos o disciplinas cristianas.

Pero llegó el día en que este hombre clamó a Dios. Él relató: «Sabía que esto era el fin de mí mismo. No me sentía capaz de decirle "no" a esta mujer o de decir o hacer las cosas que sabía eran correctas. Clamé a Dios: "Por favor, perdóname. ¡Ayúdame!" Casi inmediatamente tuve valor para ponerle punto final a esa relación y evitar todo contacto con esa mujer. También tuve el valor de humillarme ante mi familia y amigos y de pedirles perdón y ayuda».

Si está sufriendo hoy las consecuencias de la tentación, clame a Dios, y pídale ayuda y perdón. En su misericordia Él le escuchará y le contestará.

PERMANEZCA FIRME

Cuando esté resistiendo las embestidas de la tentación, es bueno verbalizar con frecuencia su fe en la habilidad de Dios para ayudarle a resistir la tentación. Exprese su fe en la presencia de Él junto a usted, su dependencia a la fuerza divina y su creencia en la promesa de ayuda.

No me cabe duda de que si usted usa en su vida estas diez barreras protectoras contra la tentación, Dios honrará sus esfuerzos y le ayudará a resistir la tentación.

CAPÍTULO SEIS

SABIDURÍA PARA ELEGIR AMIGOS Y SOCIOS EN LOS NEGOCIOS

Cuando usted enumera los bienes que posee, ¿qué es lo que incluye en la lista? Mucha gente piensa de los bienes en términos de propiedades, bonos o posesiones materiales. Otros piensan en talentos naturales o dones espirituales.

El mayor tesoro de nuestra vida, sólo inferior a nuestra relación con Jesucristo, es un buen amigo.

Los amigos nos aman incondicionalmente, nos levantan cuando caemos, se preocupan de nuestro bien y nos alientan, comparten nuestras preocupaciones más profundas, aplauden nuestros éxitos y lloran con nosotros, nos ofrecen sus críticas constructivas cuando nos equivocamos, se duelen con nosotros en tiempos de rechazo o angustia. Un amigo verdadero es un regalo de la misericordia de Dios.

Lo primero que hay que saber de la sabiduría de Dios en materia de amigos y socios es esto: Tenga cuidado al elegir. Nunca asuma que por la simple razón de que alguien le busque, usted esté cerca de una persona o tenga una relación estrecha con ella, eso indica que Dios le está enviando a dicha persona. ¡Pregúntele a Él!

Muchas veces los padres tienen que decir a sus hijos adolescentes: «Quiero que tengas buenos amigos, pero me preocupan uno o dos de ellos». Aunque puede que el niño proteste, los padres tienen la autoridad y la responsabilidad de impedir que sus hijos entablen amistades que crean que serán dañinas para su desarrollo espiritual o emocional y, en ciertos casos, para su seguridad física.

¿Qué criterios tiene usted a la hora de elegir a sus amigos? ¿Se fija en su apariencia, posesiones, fama o poder? Pregúntese a sí mismo qué es lo que le atrae a usted, y pregúntese inmediatamente si esos rasgos son acordes con Dios.

¿Adónde va usted para hacer amigos? Alguna que otra vez, cuando salgo a cenar, le echo un vistazo al bar que está junto al restaurante. Suele coincidir que estoy en el restaurante al mismo tiempo de la llamada «hora feliz», y quisiera saber si la gente que está en el bar es feliz. Pero todavía no he conseguido ver a ninguna persona feliz en un bar en la «hora feliz». En vez de eso, las caras reflejan soledad y a veces desesperación. Yo opino que no es nada inteligente comenzar una amistad basándose únicamente en la soledad, y mucho menos si la persona está tratando su soledad con alguna sustancia química. Esas amistades tienen todas las posibilidades de terminar de forma dolorosa, con desilusión y decepción.

Si una amistad se basa en una necesidad personal es muy probable que siga un camino torcido.

¿Elige usted a sus amigos entre los cristianos? Con demasiada frecuencia oigo decir: «Ya sé que mi amigo no es cristiano, pero sé que es una buena persona», o puede que un adolescente diga: «Ya sé que esta persona con la que estoy saliendo no va a la iglesia ni ha aceptado a Cristo, pero quiero salir con ella sea como sea».

Cada vez que usted intenta justificar una relación con un no creyente, va de cabeza a una caída. Dios nos advierte: «No erréis; las malas conversaciones corrompen las buenas costumbres» (1 Corintios 15.33)

«Pero mi amigo tiene costumbres sanas», puede que usted diga. Éste no es el principio principal que se deriva de este versículo. La verdad es que los que no son cristianos influyen en el comportamiento y el carácter de los cristianos bastante más de lo que los cristianos influyen en el comportamiento y el carácter de los no creyentes.

No se involucre en una amistad o en una relación esperando o creyendo ganar a esa persona para Cristo, y que después todo será perfecto. Puede que le testifique a esa persona, pero al final no es usted quien lleva a esa persona a la salvación, eso le corresponde al Espíritu Santo. Puede que usted también influya en el comportamiento de otra persona, pero lo más probable es que un no creyente inflexible no llegue a adoptar un comportamiento piadoso duradero en su vida. La verdad es que el no creyente no puede cambiar por sí mismo; el Espíritu Santo es quien nos proporciona la habilidad de arrepentirnos y cambiar nuestra forma de pensar, sentir y responder a la vida.

En vez de influir en el no creyente, lo más probable es que el no creyente le convenza a usted de ir a lugares a los que nunca iría, o a hacer cosas que no haría por propia iniciativa. Las tentaciones van a ser fuertes: «No sabes lo que te pierdes»...«podrías ir e influir en la gente para bien»...«deberías probarlo antes de decidir que es malo»...«todo el mundo lo hace, no seas puritano».

Hay una diferencia entre desarrollar una relación con alguien para testificarle acerca de Cristo, y desarrollar una amistad con un no creyente. Si está tratando de ganar a alguien para Cristo, entonces esa relación tiene un propósito muy específico. En cambio, una amistad es para beneficio mutuo y para compartir una vida común. Una amistad implica compartir tiempo, recursos y ayuda. Tenga cuidado con la cantidad de tiempo, de dinero y con el tipo de ayuda que le da o recibe de un no creyente.

Puede que usted se pregunte: «¿Hasta dónde puedo llegar para ganar a esta persona para Cristo?» Si usted no se responde a esta pregunta de antemano, puede que se vea involucrado en una relación que es mucho más persuasiva, invasora y costosa (no sólo en términos monetarios, sino también emocionales) de lo que usted había pensado.

Desde la perspectiva divina, las malas compañías incluyen toda cosa y persona que disminuye la importancia de nuestra relación con Cristo, o nos aleja de Él y de seguir sus mandamientos explícitamente. Nunca se nos llama a comprometer nuestro carácter o a tener una relación estrecha con un no creyente. Asegúrese de que los amigos que usted elige comparten sus mismo valores, creencias y niveles éticos.

PERSONAS QUE *NO* DEBERÍAN SER AMIGOS SUYOS

La Palabra de Dios nos da algunos consejos muy explícitos acerca de quién no debería ser amigo nuestro.

EVITE A LOS CHISMOSOS

A muchos conocidos míos, entre ellos muchos cristianos, les parece que el chisme es algo divertido, interesante, y que no causa un daño serio. La Palabra de Dios nos ofrece una perspectiva diferente. Ciertamente, el apóstol pablo identificó al embustero en una lista que incluye al «asesino», al «ladrón» y al «impío». El chisme mata la reputación de una persona, le roba el derecho a la inocencia hasta que se pueda probar, y juzga y condena a alguien sin darle un juicio justo. La Palabra de Dios dice simple y llanamente:

El que anda en chismes descubre el secreto;
No te entremetas, pues, con el suelto de lengua (Pr 20.19).

Si una persona difama o chismea acerca de alguien delante de usted...esté seguro de que esa persona también difamará y cotilleará sobre usted. El chisme no se limita a dar información de forma neutra, ni proporciona datos que puedan resultar beneficiosos para otros. En lugar de eso, el chisme cuenta las cosas a medias, dice verdades parciales, hechos incompletos, historias mal enfocadas; bien por razones perversas o egoístas, o normalmente para ganar el favor de usted y tratar de perjudicar de algún modo a alguien a quien se considera un rival o una amenaza. En cuanto la persona chismosa considere que usted se puede transformar también en un rival o una amenaza, puede estar seguro de que se convertirá en sujeto de historias que les contará a otros.

Evite a los que tienen mal carácter

Hay gente que parece estar siempre enojada. Puede que su enojo surja de algún tipo de amargura que comenzó a desarrollarse en la infancia, al sentirse engañados o rechazados por alguna persona que era importante para ellos. La raíz de su amargura podría ser algún prejuicio u odio que echó raíces en su vida como resultado del dolor que ellos sintieron que se les estaba infligiendo sin causa. El enojo y la rabia que vienen de atrás pueden estallar sin que uno se dé cuenta.

Hay otra gente que ha crecido en familias donde uno de los dos padres, o los dos, tenían mal genio. Durante su infancia nunca aprendieron a expresar sus convicciones o emociones profundas sin enojarse terriblemente.

El problema del enojo fuerte es que puede hacerle daño a otras personas, independientemente de la motivación para el enojo o la rapidez con que se inicie y se acabe. Las expresiones de ira en bruto y sin medida siempre conducen al dolor, y ese dolor lo suelen sentir con más intensidad los que menos culpa tienen.

Si se hace amigo de una persona iracunda también va a desarrollar un espíritu colérico. Es probable que lo que le enoje a ella también le enoje a usted. La forma en que esta persona expresa su enojo es probable que se convierta en la forma en que también lo expresa usted. La Palabra de Dios es muy clara:

> No te entremetas con el iracundo,
> Ni te acompañes con el hombre de enojos,
> No sea que aprendas sus maneras
> Y tomes lazo para tu alma (Pr 22.24,25).

El enojo es realmente una trampa. Nos impide ver el bien en otros, nos impide olvidar rápida y libremente, y nos impide expresar rasgos piadosos en nuestro carácter tales como paciencia, misericordia, amabilidad y autocontrol.

EVITE A LOS REBELDES

La rebeldía no es sólo darle un golpe enojado a alguien o a algo, sino también puede ser una resistencia tranquila e intencionada que se manifiesta en la falta de lealtad o en el descontento contra los que tienen autoridad. La persona rebelde no elige obedecer, sino que sus propios deseos y codicias la impulsan en varias direcciones. Es inestable, sujeta a frecuentes cambios de opinión. Una persona rebelde reacciona ante la vida, a veces de formas muy volátiles. No se somete al Señor, y es probable que tampoco se someta a sus líderes.

Una persona que sólo es fiel a sí misma no puede ser fiel a sus amigos. Evite la amistad con tales personas, pues pueden oponérsele muy rápidamente y convertirse en sus enemigos. Dios nos advierte:

> Teme a Jehová, hijo mío, y al rey;
> No te entremetas con los veleidosos;
> Porque su quebrantamiento vendrá de repente;
> Y el quebrantamiento de ambos,
> ¿quién lo comprende? (Pr 24.21,22).

EVITE A LOS QUE SON INDULGENTES CONSIGO MISMOS

Los que son indulgentes consigo mismos no controlan sus propios deseos. Esa autoindulgencia puede manifestarse en glotonería (indulgencia excesiva en comida y bebida), comportamiento inmoral (un impulso incontrolado de satisfacer sus deseos sexuales), o codicia (un deseo que nunca se satisface de tener más y más posesiones). La persona indulgente consigo misma podría estar hambrienta de poder o ser muy manipuladora, ya que siempre busca lo que quiere y en el momento que quiere, sin tener en cuenta las necesidades y preocupaciones de los otros.

Si establece una amistad con alguien así, es probable que esa persona lo utilice. Él o ella tratará de consumir su tiempo, sus recursos, su energía, y si es posible, el tiempo, los recursos y la energía de los conocidos de usted. Y cuando haya tomado todo lo que le puede ofrecer, entonces se pasará a la siguiente persona. La Palabra de Dios advierte: «El que guarda la ley es hijo prudente; mas el que es compañero de glotones avergüenza a su padre» (Pr 28.7).

¿Ha ido alguna vez a una comida pensando en no tomar postre o en no comer demasiados carbohidratos, sólo para encontrase con alguien que quiere probar todo el menú, desde el aperitivo hasta un postre rico? La otra persona, por supuesto, quiere que usted pruebe un poco de todo, y no aceptará un «no» por su parte como respuesta. Y al final usted sale de aquella comida más que lleno, ignorando totalmente su intención de tener una comida ligera y nutritiva.

El hecho es que la gente autoindulgente influye en nosotros. Parecen abrazar la vida completamente, y siempre tienen curiosidad y tratan de probar cosas nuevas que les llaman la atención o les hacen cosquillas en los sentidos. La persona autoindulgente puede parecer genial, y todo a su alrededor, muy divertido. Pero ¡tenga cuidado! Al final esa persona puede hacer que usted eche por la borda su propia disciplina y se salga del plan de Dios, que es lo mejor para su vida, todo por tener experiencias nuevas o pasarlo bien.

EVITE A LOS QUE COMETEN INMORALIDAD SEXUAL

Vivimos en una época en que la gente suele decir: «Lo que hacen a puertas cerradas es asunto suyo». Pero la verdad de la Palabra de Dios es que tenemos que juzgar la moralidad; no juzgar a la persona, sino juzgar el comportamiento. Tenemos que saber lo que está mal y lo que está bien cuando se trata de moralidad y ética, y sobre todo cuando se trata de inmoralidad sexual. La Palabra de Dios dice claramente:

> El hombre perverso levanta contienda,
>
> Y el chismoso aparta a los mejores amigos (Pr 16.28).

> El hombre que ama la sabiduría alegra a su padre;
>
> Mas el que frecuenta rameras perderá los bienes (Pr 29.3).

La palabra «bienes» se refiere a la esencia total de una persona: la salud física, mental y emocional, así como la energía, los recursos materiales, la integridad, la reputación, las relaciones y el testimonio cristiano. Cuando nos involucramos en inmoralidad sexual perdemos mucho de quienes somos, además de lo que tenemos.

La Biblia es muy clara en el tema de la inmoralidad sexual. Los cristianos no deben tener relaciones sexuales prematrimoniales (eso se llama fornicación en varias versiones de la Biblia), o fuera del matrimonio (lo que también se conoce como infidelidad o adulterio). No hay excepciones. La intimidad sexual está reservada para el matrimonio.

Esta postura es completamente opuesta a la de nuestra cultura. La música popular y los programas de televisión, incluso los dirigidos a los niños, están llenos de insinuaciones sexuales y, a veces, de comportamiento sexual explícito. Las películas aptas para menores les dicen más sobre el comportamiento sexual a nuestros niños y adolescentes que cualquier curso de educación sexual. Desde vallas publicitarias a revistas de anuncios, se usa el sexo para vender productos. Esto trae como resultado una plaga actual de enfermedades de transmisión sexual y de embarazos no deseados, lo que a su vez conduce a abortos y a niños que no se quieren. ¿Cuándo vamos a despertar?

Aun cuando en las cosas que oímos y vemos en un determinado día no haya mucha alusión a lo sexual, debemos encarar nuestros propios sentidos e impulsos sexuales. La Biblia nos dice que los deseos de la carne nos alejan del sendero de la pureza y la justicia de Dios.

Cada uno de nosotros nos moveremos en una dirección o en otra en un momento dado, o bien hacia la realización de nuestros deseos carnales, sin tener en cuanta la sabiduría de Dios, o hacia los caminos, planes y propósitos de Dios. ¿Qué dirección es más fácil? El camino más fácil es siempre el de la carne. Nuestra tendencia natural es querer responder a las necesidades e impulsos que sentimos. No ceder a los deseos de la carne es algo que exige disciplina y confianza en Dios. Un amigo inmoral no necesita hablar durante mucho tiempo o con palabras duras. La tentación ya está allí. Lo que necesitamos son amigos que nos ayuden a decirle «no» a los impulsos autogratificantes.

Puede que usted se diga: «El hecho de que mi amigo sea inmoral no significa que yo también lo vaya a ser».

Quizá no inmediatamente...pero si continúa con esa amistad, estoy firmemente convencido de que no pasará mucho tiempo antes de que comience a comprometer sus propios estándares de moralidad. Puede que el compromiso sea muy sutil al principio: un cambio en nuestra manera de vestir, el vocabulario que empezamos a usar, o nuestros pensamientos o sueños. Probablemente el compromiso incluirá chistes, y las cosas sobre las que habla con su amigo inmoral. Quizá el compromiso le lleve a un cambio en las cosas que lee y ve, en su forma de caminar y actuar cuando está con otros, y en los lugares que frecuenta. Antes de que pase mucho tiempo sus propios deseos sexuales manejarán su vida. En lugar de tener una pasión por seguir a Cristo, tendrá una pasión para satisfacer su propia carne.

No empiece a caer por esa pendiente. No se involucre en una amistad con alguien que usted sabe que es inmoral.

EVITE A LOS NECIOS

Nuestra tendencia es creer que los necios son personas tontas o frívolas. Lo que dice la Biblia es mucho más serio: un necio es alguien que de forma orgullosa antepone su propio camino al de Dios. Descarta a Dios de su vida. Rechaza toda la discreción, el discernimiento o la sabiduría de la Palabra de Dios. En el libro de Proverbios los necios se describen como calumniadores (Pr 10.18). Ellos se ríen del pecado (Pr 14.9). Consideran que la sabiduría es algo demasiado elevado (Pr 1.7). Los necios esquivan la sabiduría y buscan su propia locura.

> El hijo sabio alegra al padre;
> Mas el hombre necio menosprecia a su madre.
> La necedad es alegría al falto de entendimiento;
> Mas el hombre entendido endereza sus pasos (Pr 15.20,21).

Los que aman al mundo no aman a Dios. Los que apartan su corazón del Señor no van a ayudarle a usted a edificar su fe, ni a llevar una vida limpia, ni le van a animar a buscar la sabiduría. Busque amigos que amen a Dios y deseen seguir sus mandamientos.

EL IMPACTO DE LAS BUENAS AMISTADES

¿Qué potencial tienen las amistades en nuestra vida? El potencial es muy alto.

UNA AMISTAD PUEDE DELEITARNOS

Un buen amigo nos trae gozo y nos hace disfrutar. Nos debería gustar estar con amigos o salir con ellos. Un amigo sabio y que ama a Dios hace que nos sintamos aceptados y amados. Él o ella refleja el amor y el cuidado de Dios por nosotros. Un buen amigo nos hace sentir seguros de que no estamos solos en este mundo, de que hay alguien que nos conoce, nos entiende y nos aprecia.

UNA AMISTAD PUEDE AYUDARLE A DESARROLLARSE

Los buenos amigos deberían ayudarnos a desarrollarnos como personas. Tener una buena amistad es la mejor forma de aprender cómo comunicarnos con otras personas, cómo ayudar a los que tienen necesidad, cómo alegrarse con los que están teniendo éxitos, y cómo dar y tomar. Aprendemos a confiar en un nivel más profundo y más íntimo. Aprendemos a ser más vulnerables y a mostrarnos tal y como somos de verdad.

Un buen amigo nos da la libertad de compartir todo lo que queramos compartir, sin temor a ser condenados, juzgados o rechazados. Un buen amigo nos motivará a crecer espiritualmente. Al abrirle el corazón a un amigo, al confesarle nuestras luchas, al orar juntos y comentar la Palabra de Dios, aumenta nuestro deseo de conocer al Señor.

Una señora me habló en una ocasión sobre algunas tentaciones que había sufrido durante su adolescencia en Florida durante la década del 70. Me dijo: «Lo que me ayudó a superar aquella época fue el hecho de tener dos buenas amigas cristianas. Una de ellas iba al mismo colegio que yo, y las dos iban a mi iglesia. Las tres nos hicimos muy amigas, y salíamos mucho juntas después del colegio y durante los fines de semana. Cuando una de nosotras se enfrentaba a alguna tentación, sabíamos que teníamos dos amigas que estarían a nuestro lado y nos ayudarían a decir "no" siempre». Para terminar, dijo: «Se puede ser fuerte si estás rodeado de amigos».

UNA AMISTAD PUEDE IMPULSARNOS A LA EXCELENCIA

Un buen amigo puede motivarnos mucho. Los buenos amigos nos edifican para que deseemos llegar a ser y lograr todo lo que nuestros amigos creen que podemos ser y hacer.

Los buenos amigos aceptan el hecho de que somos imperfectos, pero al mismo tiempo hacen todo lo posible para ayudarnos a parecernos más a Jesús. Los buenos amigos no se asustan ante nuestras luchas en la vida, sino dicen: «Todos pasamos por momentos malos. Estoy a tu lado. Voy a acompañarte en esta ocasión, voy a orar por ti, y vas a salir más fuerte de esto».

Los buenos amigos pueden ayudarnos a ser más productivos, a tener una energía vital más elevada, y más entusiasmo por la vida. Los buenos amigos nos hacen sentir confiados para aceptar riesgos relacionados con la vida piadosa, para abrazar nuevos desafíos y para avanzar hacia un nivel superior en nuestro trabajo y en nuestros pasatiempos. Si sabe que hay alguien que le ama, que está con usted y que cree en usted...estará más dispuesto a avanzar en la fe y a desarrollar todo su potencial físico, mental, emocional y espiritual. Los buenos amigos nos ofrecen una confianza inagotable.

La historia demuestra la verdad de que casi todos los hombres más destacados tienen una mujer en sus vidas que los ama, los motiva, los alienta, y los ayuda a lograr lo mejor y más elevado. Puede tratarse de la madre, una hermana, una tía o la esposa. En todos los matrimonios que conozco que funcionan bien tanto el marido como la esposa se alientan mutuamente a caminar en sabiduría divina y a ser y a hacer lo mejor de ellos mismos.

EL POTENCIAL DE LOS IMPACTOS NEGATIVOS

También existen algunos aspectos potencialmente negativos en el campo de la amistad. Como los amigos influyen en nosotros, nos pueden herir tanto como bendecir.

UNA AMISTAD NOS PUEDE DESILUSIONAR

Las amistades nos pueden decepcionar. Sin decir nada, un amigo puede alejarse o desaparecer. Una vez tuve lo que yo consideraba una amistad estrecha con una persona que, de repente y sin explicación, se alejó de mí. Hoy día sigo sin saber por qué sucedió algo así. Nunca me dio una explicación. Me decepcionó perder la amistad de este hombre.

Una cosa que aprendí de esa experiencia fue que nunca debemos permitir que la decepción que sufrimos por causa de una amistad nos amargue la vida o haga que nos cerremos a otras amistades. Nunca debemos decir: «Como aquel amigo me hirió no voy a confiar en nadie más en el futuro».

UNA AMISTAD PUEDE TRAERNOS AFLICCIÓN

Hay veces que nuestros amigos pueden causarnos preocupación o desasosiego. Si vemos que toman decisiones que sabemos que no son sabias, o si observamos que algún amigo se aleja de Cristo, es normal que nos preocupemos. Si de verdad amamos a otros, nos duele ver sus rebeliones.

UNA AMISTAD PUEDE HACERNOS VENIR ABAJO

No es sólo que una amistad pueda empujarnos a un comportamiento pecaminoso, sino que un amigo puede hacer que nos vengamos abajo emocionalmente. Hay veces que los amigos nos hacen demandas emocionales tan altas, o están en un estado emocional tan malo, que nosotros nos sentimos poco adecuados, temerosos, deprimidos o enojados con esa persona. Si alguna amistad le hace perder el gozo en el Señor, o estar continuamente enojado, desalentado o frustrado...evalúe nuevamente esa amistad.

Si una amistad le está empujando hacia abajo debe reflexionar sobre su educación y trasfondo. ¿Está usted repitiendo patrones negativos de su infancia en su amistad adulta? ¿Depende en exceso emocionalmente de su amigo, o ha permitido que algún amigo dependa de usted en exceso emocionalmente? ¿Sufre abuso emocional, e incluso físico, por parte de algún amigo porque aprendió ese patrón de comportamiento durante sus primeros años? ¿Le resulta fácil a usted caer en un patrón mutuo de enojo, amargura o depresión en una amistad, por abrigar esos sentimientos dentro de usted durante varios años?

Muchas veces la salud de nuestras amistades se parece a la salud de nuestra familia durante nuestros años de crecimiento. Si la vida familiar durante nuestra infancia se caracterizaba por una comunicación pobre, por luchas de poder entre los padres o hermanos, por estallidos de enojo, por temor por parte de uno de los padres, además de falta de afecto...es probable que seamos propensos a desarrollar amistades que comiencen a exhibir las mismas características. O puede que la amistad se convierta en una fuente de frustración porque estamos buscando una amistad «perfecta», totalmente distinta al tipo de vida que había en nuestro hogar cuando eramos niños.

No existen las amistades perfectas porque no existen las personas perfectas. Pero hay amistades maduras, piadosas, gratificantes para ambos, y en esas amistades ambas partes suelen tender a tratar de ser más maduros, más sabios y más cercanos a Dios.

UNA AMISTAD PUEDE DESTRUIRNOS

En el peor de los casos una amistad falta de sabiduría puede influir hasta tal punto en usted, que le incite a participar en el mundo del maligno, haciendo que destruya su cuerpo, su salud emocional, su carrera o sus relaciones con los miembros de su familia, con otros amigos o con los compañeros de la iglesia. Una amistad falta de sabiduría puede alejarnos de Cristo y de todas las cosas que son beneficiosas para nosotros. Y al final, una amistad falta de sabiduría puede llegar a destruir su vida.

LAS AMISTADES NOS CAMBIAN

¿Qué impacto tienen sus amigos en usted? ¿Le están edificando, trayéndole bendición y acercándolo a Cristo? ¿Son algo en lo que realmente nos deleitamos, una ayuda, un aliento para usted? ¿Es una persona mejor por causa de sus amigos?

O, al contrario, ¿sus amistades se caracterizan por las decepciones, la desilusión o las emociones dañadas? ¿Sus amigos tratan de empujarlo a acciones o comportamientos que son contrarios a Dios? ¿Están animándolo a que tenga opiniones o creencias contrarias a la Palabra de Dios? ¿Está perdiendo gozo? ¿Está siendo menos productivo o piadoso como resultado de alguna amistad?

Por supuesto, también tenemos que hacernos todas estas preguntas en el contexto de un noviazgo o de una relación profesional.

El hecho inalterable es que...las amistades impactan nuestras vidas para bien o para mal. Las amistades pueden hacer que crezcamos, que nos desarrollemos positivamente, y que cambiemos nuestros hábitos para bien...o pueden frenar nuestro crecimiento, hacer que desarrollemos malos hábitos, y que cambiemos para mal.

Por estas razones, a la hora de elegir a nuestros amigos y socios para los negocios debemos orar y tener cuidado, sin olvidar cuáles son las características de las amistades verdaderas y centradas en Dios. Me gusta esta definición, con la que me topé hace poco:

> Un amigo ha de ser radical.
> Debe amarte radicalmente cuando no eres amable,
> Abrazarte cuando no eres abrazable,
> Y soportarte cuando eres insoportable.
> Un amigo ha de ser fanático.
> Debe aplaudirte cuando todo el mundo abuchea,
> Danzar con tus buenas nuevas,
> Y también llorar cuando lloras.
> Pero sobre todo, un amigo ha de ser matemático.
> Debe multiplicar el gozo, dividir la pena,

Sustraer el pasado y sumar el mañana,
Calcular las profundas necesidades de tu corazón,
Y ser siempre más grande que la suma de sus partes.

¿Tiene usted un amigo radical, fanático y matemático? ¿Es usted ese tipo de amigo para otros?

SABIDURÍA PARA FORMAR RELACIONES PROFUNDAS, DURADERAS Y PIADOSAS

Hace varios años tuve un encuentro que me cambió la vida. Conocí a dos hombres que asistían a mi iglesia en Atlanta. Estos dos hombres y sus esposas habían sido amigos durante treinta y cinco años. Los dos matrimonios comían juntos por lo menos una vez por semana, y muchas veces se iban juntos de vacaciones. Fueron amigos durante los buenos y los malos tiempos, criando a sus hijos y pasando por cambios y desafios en su vida. Y después, con tres meses de diferencia, las dos esposas murieron.

La tragedia les golpeó de una forma que ninguno de los dos había imaginado.

Un día vi a los dos hombres en la iglesia, y les pregunté que cómo estaban. Me contaron que andaban preparando un viaje...los dos solos. Iban a ir en coche desde Atlanta hasta Alaska, ida y vuelta. Estaban emocionados al pensar en el viaje que tenían por delante, y lo habían preparado con todo detalle. Al verles alejarse me vino una frase a la mente: *amigos todo terreno*.

Me quedé pensando: «¿Tengo yo amigos así?» Al ver a estos dos hombres, y la forma en que se habían animado emocionalmente el

157

uno al otro, amándose como hermanos en Cristo, y alentándose, sentí un gran deseo de tener un amigo con quien compartir la vida durante treinta y cinco años. Después empecé a pensar: «¿Qué tipo de amigo soy yo? ¿Quiénes son mis mejores amigos? ¿Qué puedo esperar de una amistad?» Y aún más importante, comencé a preguntarme: «¿Qué dice la Palabra de Dios sobre la amistad?, ¿cómo podemos construir amistades profundas, duraderas y centradas en Dios?»

DIOS DESEA QUE TENGAMOS BUENOS AMIGOS

Dios desea que usted tenga amigos buenos, amigos íntimos. En su Palabra hay muchos ejemplos de ese tipo de amistad: Moisés era amigo de Aarón y de Josué; David era amigo íntimo de Jonatán; Daniel tenía buenos amigos, llamados Sadrac, Mesac y Abed-nego; Jesús eligió a doce discípulos como amigos, y entre esos doce, se sintió ligado especialmente a Pedro, Santiago y Juan; el apóstol Pablo tenía bastantes amigos y colaboradores: Lucas, Timoteo, Marcos y Bernabé, entre otros.

Tener buenos amigos es una gran bendición. Debemos apreciarlos y valorarlos.

UN CÍRCULO LIMITADO

¿Cuántos amigos afectuosos, fieles, y verdaderos tiene usted? No hablo de relaciones superficiales, sino de amigos dedicados, probados como verdaderos, y de mucho tiempo.

La mayoría de la gente podría contarlos con los dedos de una mano.

La razón por la que la gente no tiene muchos buenos amigos parece ser triple. Primero, no nos tomamos el tiempo para construir tales amistades. Segundo, es difícil encontrar amigos a quienes se les pueda confiar toda la vida: secretos, sueños, objetivos, deseos, gustos y disgustos, logros, dolor y heridas, necesidades, decepciones y errores. Y tercero, muchos de nosotros no hemos aprendido cómo construir buenas amistades y resolver las diferencias de opinión que podamos tener.

Las amistades superficiales parecen darse por casualidad. Pero las amistades verdaderas y duraderas se construyen. Se establecen sobre una base común de propósitos y valores, sobre experiencias y conversaciones compartidas, marcadas por la vulnerabilidad y la transparencia.

Una amistad profunda es el núcleo del compañerismo, el matrimonio y las asociaciones de negocios. Es en el contexto de la amistad mutua que podemos evaluar muchas relaciones.

Desde el principio de la creación humana Dios decidió que los humanos necesitáramos la ayuda de otros. Dios dijo acerca de Adán: «No es bueno que el hombre esté solo; le haré ayuda idónea para él» (Génesis 2.18). Aunque la Biblia usa el término «hombre», esa palabra se puede traducir por «humanidad». Aunque se tratara de una situación muy específica, en la cual Dios creaba a Eva para ser una ayuda idónea para Adán, podemos transcender la situación inmediata y darnos cuenta de que Dios estaba diciendo una verdad que se relacionaba con toda la humanidad. La gente necesita a la gente. Todos necesitamos relacionarnos con otros «semejantes a nosotros» (en valores, deseos, objetivos, creencias y, hasta cierto grado, en personalidad) para dar y recibir ayuda mutuamente. Necesitamos a otros para crecer hasta la plenitud de nuestro potencial y para dar y recibir mutuamente amor y favores.

Cuando Dios dijo: «No es bueno que el hombre esté solo», fue la primera vez que Dios dijo que algo de su creación «no era bueno». Hasta ese momento todo lo que Dios hizo lo consideró totalmente bueno y perfecto. Pregúntele a cualquier persona solitaria, y verá cómo le confirma que la soledad no es buena. Pregúntele a algún sicólogo o consejero, y éste le confirmará que la gente que vive aislada de otros no tienen buena salud emocional o espiritual, y que muchas veces también pierde la salud física.

Mucha gente lee la historia de Adán y Eva solamente como la historia del primer matrimonio, pero la creación de Eva fue bastante más que el hecho de que Dios le proporcionara a Adán una compañera sexual. Eva compartía toda la vida de Adán. Era una «ayuda idónea», y él, por su parte, también tenía que ayudarla a ella (Gn 2.20). No sólo compartían el huerto del Edén, sino también un propósito de vida y una responsabilidad ante Dios.

La Palabra de Dios nos dice: «Hay amigos que llevan a la ruina, y hay amigos más fieles que un hermano» (Pr 18.24, NVI).

Este versículo puede parecer una contradicción con lo que acabo de decir sobre el valor de las buenas amistades. Permítanme explicarles lo que significa.

Podríamos leer Proverbios 18.24 de la siguiente manera: «Una persona con amigos superficiales no tiene a quien acudir en busca de apoyo en los momentos de conflicto». Los amigos superficiales se vienen abajo en las crisis. La gente que nosotros considerábamos amiga suele desaparecer en las épocas de persecución, crítica o problemas. Los amigos superficiales no hacen nada para ayudarnos a permanecer con entereza emocional y física en épocas de pérdidas, rechazo o enfermedad. Los amigos superficiales carecen de fuerza y de tenacidad.

La Palabra de Dios describe de forma totalmente opuesta la naturaleza de los amigos íntimos y cercanos. Un verdadero amigo está más cerca de nosotros que un hermano, estará con nosotros en lo ancho y en lo estrecho, en buenos y malos tiempos. Nos dará fuerzas para que no nos vengamos abajo a la hora de enfrentar el mal o la calamidad. En tiempos de trauma permanece fuerte y firme como una roca.

Yo me siento muy agradecido por tener un puñado de amigos de verdad que se apegan a mí sea cual sea la situación. ¿Están siempre de acuerdo conmigo? No. ¿Son siempre amables, fieles y me dicen la verdad en todo tiempo? Sí. ¿Me ayudan en los malos tiempos? Por supuesto. Son como un ancla en las tormentas de la vida.

CÓMO CONSTRUIR AMISTADES SABIAS Y CENTRADAS EN DIOS

¿Cómo se puede construir una amistad inteligente, fundada sobre principios divinos? Hay muchas formas de hacerlo, y yo le voy a mencionar diez. No hay que considerar ninguna de forma aislada. Las amistades se edifican sobre varios factores.

1. COMPARTIR LA FE EN JESUCRISTO

La mejor forma de desarrollar una amistad profunda es cuando dos personas comparten su fe en Jesucristo. Es muy difícil que dos personas lleguen a ser amigos íntimos y verdaderos si una persona es creyente y la otra no. La fe en Jesucristo es el vínculo más fuerte que pueden compartir dos personas.

Y si esas dos personas no sólo comparten su fe en Jesús como su Salvador, sino que tienen el mismo nivel de compromiso con Jesús, entonces es aún más probable que sean mejores amigos. Lo mismo se puede decir si tienen las mismas creencias doctrinales generales, comparten las mismas experiencias espirituales y desean aprender a aplicar la Palabra de Dios.

Algunas de las mejores amistades que he observado existen entre personas que han asistido durante años o décadas a la misma clase de la escuela dominical o al mismo grupo de estudio bíblico. Estos amigos suelen ser diligentes en actividades evangelísticas y de la iglesia. No sólo comparten la fe en Jesucristo, sino que disfrutan sirviendo juntos al Señor.

2. INTERESES MUTUOS

Las amistades profundas se desarrollan cuando dos personas comparten intereses mutuos. Intereses mutuos pueden ser el golf u otro deporte, pescar, cazar, inversiones financieras, vida familiar, algún tipo de música, pasatiempos, intereses o aspectos de la carrera de uno. Algunos de mis mejores amigos también hacen fotografías. Tenemos un interés mutuo que conlleva muchas facetas, incluyendo las excursiones fotográficas, la tecnología del equipo, conferencias o seminarios sobre técnicas fotográficas, temas para fotografiar, y experiencias que tenemos haciendo fotografías.

Y si dos personas tienen más de un área de interés común, entonces es probable que su amistad sea aún más fuerte.

3. ESTAR DISPUESTO A DAR MÁS QUE A RECIBIR

Las amistades profundas se desarrollan cuando cada persona que está en esa relación trata de atender las necesidades de la otra antes que las suyas propias. Si entra en una relación de amistad con la perspectiva: «A ver qué puede hacer por mí esa persona», va a resultar desilusionado y frustrado. Por otra parte, si entra en una amistad con la actitud: «A ver qué puedo darle a esta persona», es probable que sienta gozo y un alto grado de satisfacción personal en esa relación.

Los que son tomadores más que dadores tienden a ser personas egoístas y egocéntricas. También suelen ser los primeros en abandonar la relación si las cosas se ponen feas o hay conflictos en la relación.

Hay veces que la gente se involucra en relaciones amistosas por simple ambición. Quieren obtener lo que ellos creen que la otra persona puede hacer por ellos para escalar en su estatus, fama o poder. Si desea desarrollar una amistad con alguien porque cree que esa persona le ayudará a lograr un objetivo especial...tenga cuidado. Está preparando el camino para la decepción, la desilusión y el desaliento.

Un verdadero amigo es aquel que ama de forma sacrificada, que da sin esperar nada a cambio. Un verdadero amigo no menciona continuamente sus necesidades personales, aunque tenga muchas. Un verdadero amigo no tiene por qué salirse siempre con la suya, sino que está dispuesto a ceder sus preferencias ante las preferencias de otra persona. Lea lo que escribió el apóstol Pablo:

> Sed llenos del Espíritu, hablando entre vosotros con salmos, con himnos y cánticos espirituales, cantando y alabando al Señor en vuestros

corazones; dando siempre gracias por todo al Dios y Padre, en el nombre de nuestro Señor Jesucristo. *Someteos unos a otros en el temor de Dios* (Efesios 5.18-21, énfasis añadido).

Amaos los unos a los otros con amor fraternal; en cuanto a honra, *prefiriéndoos los unos a los otros* (Romanos 12.10, énfasis añadido).

Las relaciones centradas en Dios son aquellas en las que existe la disposición a decir: «No tengo por qué salirme siempre con la mía. Estoy dispuesto a someter mis deseos a tus deseos, y mis preferencias a las tuyas». Obviamente nunca se nos llama a comprometer nuestros valores, nuestra fe en Jesucristo, o a involucrarnos en cosas malas. Tampoco debemos nunca entregar toda nuestra identidad sólo para agradar a alguien o para convertirnos en el felpudo sobre el que camina. Pero sí debemos llegar a madurar hasta el punto de estar más preocupados por lo que le sucede a la otra persona antes que lo que nos sucede a nosotros. Tenemos que estar dispuestos a permitirles a nuestros amigos libertad de expresión, y debemos estar dispuestos a valorar sus decisiones, ideas y deseos.

Dicho de forma práctica, esto significa que pasamos una tarde juntos haciendo lo que la otra persona quiere. Salimos al restaurante que él elige, vamos de vacaciones al lugar que él o ella decide, compramos las cosas del color que les gustan a ellos. Y al hacer estas cosas no nos sentimos menos personas por ceder en nuestras preferencias.

Llevo varios años viviendo solo, y sé por experiencia propia que Dios puede poner a una persona en la posición de no sentir necesidad de la aprobación o del amor de alguien para sentirse valiosa y digna. Escúcheme bien: No estoy diciendo que el Señor nos lleve a una posición donde no necesitemos, deseemos o nos beneficiemos de otras personas. ¡No! Dios desea que nos beneficiemos mutuamente con relaciones de dar y recibir. Lo que he aprendido es que el Señor puede sanar nuestras emociones desde dentro para que no sigamos sintiéndonos llevados por nuestras propias necesidades. Muchas veces los que tienen baja autoestima buscan amigos o se casan porque necesitan a alguien a su lado o del brazo, que les dé confianza en sí mismos, una buena autoestima y valoración propia. El Señor desea que pongamos los ojos en Él, no en otra persona, para nuestros sentimientos de dignidad, suficiencia, contentamiento y valor.

Si se involucra en una relación con la idea, «Tengo que tener a esta persona» o «Tengo que relacionarme con esta persona»...está entrando en la relación enfocándose en sí mismo, y no en la otra persona. En vez de eso, considere lo que le gustaría darle a esa persona. ¿Qué le gustaría hacer por él o ella?, ¿cómo le gustaría bendecirla en su vida? Las amistades profundas se forman cuando ambos amigos son dadores más que recibidores.

Les aseguro que...

Ningún hombre puede satisfacer todas las necesidades de la vida de una mujer.

Ninguna mujer puede satisfacer todas las necesidades de la vida de un hombre.

Ningún amigo puede satisfacer todas las necesidades de la vida de otro amigo.

Pero la buena noticia es que Jesucristo puede satisfacer todas las necesidades de nuestra vida para que usted pueda servir mejor a otra persona y ser mejor amigo suyo.

4. ESTAR DISPUESTO AL RIESGO DEL DOLOR O DEL RECHAZO

Las amistades profundas se desarrollan cuando las dos personas están dispuestas a correr el riesgo de sufrir el dolor o el rechazo. Toda relación tiene el potencial para sentimientos heridos, rechazo y dolor. Si usted espera formar una amistad profunda con alguien, sin que eso le llegue a herir o a provocar dolor...entonces nunca podrá formar una amistad profunda e íntima. Todas las personas tienen fallos, debilidades e imperfecciones, y todos las traemos con nosotros a nuestras relaciones. No hay relaciones perfectas, ya que para eso harían falta dos personas perfectas, y ese tipo de personas no existe.

En todas las amistades se dan ciertas épocas en que la comunicación podría ser mejor, no se pasa mucho tiempo juntos, ni se comparten muchas experiencias. Así es la vida. Puede que ésa no sea la intención de nadie, pero sucede de todas formas.

Jesús y Pedro eran buenos amigos, pero eso no significa que no hubo heridas entre ellols. Sin duda Pedro se sintió herido cuando Jesús le dijo que estaba actuando como el diablo; Pedro negó tres veces a Jesús. ¿Siguieron siendo amigos durante la cruz, la resurrección y la ascensión? ¡Sí!

5. Ser vulnerables el uno con el otro

Las amistades profundas se desarrollan cuando las dos personas en la relación están dispuestas a ser vulnerables y transparentes la una con la otra. Deben estar dispuestas a compartir completamente sus sentimientos o pensamientos, sin temor a la crítica o al rechazo.

Las amistades íntimas exigen muchísima confianza. Quizá éste sea el bloque más importante en la construcción de relaciones centradas en Dios. Usted debería poder confiar en que su amigo va a guardarle el secreto, va a permanecer fiel en las situaciones difíciles, y va a seguir a su lado incluso si usted es perseguido. A cambio de eso usted debe ser un amigo digno de confianza. La confianza mutua es como un pegamento que mantiene unida la relación.

La piedra angular de la confianza es la sinceridad. Es necesario que los dos amigos sean honestos totalmente el uno con el otro. Si se da cuenta de que no le ha dicho toda la verdad a un amigo, discúlpese rápidamente y arregle las cosas. Y sobre todo, necesita decir la verdad acerca de sí mismo. No invente un cuento sobre su trasfondo personal o sus experiencias para impresionar a su amigo. No diga mentiras acerca de otras relaciones en su vida. No trate de disimular sus errores o exagerar sus éxitos. Sea sincero. Al decirle la verdad a un amigo, le está dando permiso para que él le diga la verdad acerca de sí mismo, y ésa es la única forma de llegar a conocerse profundamente.

Algunas veces me ha pasado que me he abierto totalmente con un amigo, sin ocultarle nada, sólo para que esa persona calle y no me comparta nada de su vida.

Cuando pasa algo así es posible que se desarrollen muy rápido sentimientos de temor, duda y sospecha, y la amistad puede desintegrarse rápidamente. Las amistades profundas exigen vulnerabilidad mutua.

Yo creo que las dos razones principales por las que hay tantas amistades superficiales es porque la gente es reacia a ser transparente, y porque no pueden compartir sinceramente con otros. Rápidamente alzan sus barreras. La persona, muchas veces con el lenguaje corporal más que con Palabras, dice: «No confío tanto en ti como para ser totalmente honesto contigo. Tengo miedo de que hieras mis sentimientos». O la persona transmite: «No me digas demasiado, no puedo con esto, no quiero saber nada de tu dolor o de tu desilusión; tengo miedo de sentirme responsable de parte de tu vida».

Recuerde que cuando excluye a otros de su vida, se está cerrando la puerta a sí mismo. En las amistades profundas una persona tiene que llegar a sentir que puede decir lo que sea, sin que la otra persona se aleje disgustada o desilusionada. No existen dos personas que vayan a estar de acuerdo en todo. En una amistad tiene que haber un espacio para la discusión y el debate. Uno tiene que saber que la amistad es más fuerte que cualquier desacuerdo que pueda surgir. Los amigos verdaderos se confrontan el uno al otro con una actitud de amor, ayudándose mutuamente a crecer en Cristo y a alcanzar su máximo potencial.

No hay nadie que sea siempre fuerte.

No hay nadie que sea siempre correcto.

No hay nadie que sea siempre perfecto.

Y no hay nadie que diga siempre lo adecuado.

6. TENER UNA ACTITUD DE SERVICIO

Las amistades profundas se desarrollan cuando cada una de las dos personas está dispuesta a servir a la otra con alegría. En nuestra sociedad somos muy reacios a usar la palabra *servir*. La relacionamos con debilidad y con falta de estatus. Pero en una amistad íntima y verdadera existe una disposición espontánea a servir. Los verdaderos amigos buscan la manera de servir, de ayudar, de dar.

No pierda nunca de vista que Jesús sirvió a sus discípulos. Él dijo:

El que es el mayor de vosotros, sea vuestro siervo (Mateo 23.11).

Sea el mayor entre vosotros como el más joven, y el que dirige, como el que sirve (Lucas 22.26).

Hace muchos años había un hombre que quería ser mi amigo, y yo también quería ser el suyo. Pero la verdad es que no sabía cómo ser amigo de este hombre. Él hizo todo lo que pudo para ser mi amigo, pero no supe aceptar lo que hacía para servirme y darme. Yo me había hecho una barrera de autosuficiencia para ocultar mis complejos y problemas personales, y no supe asimilar sus propuestas de ayuda. Esa amistad que podría haberse desarrollado...nunca se dio. Y fue por culpa mía.

Para ser un amigo tiene que estar dispuesto a recibir el servicio que otros le ofrecen. Si dos personas quieren servirse la una a la otra, entonces les resulta fácil respetarse mutuamente, abrir sus corazones y vivir las dos en armonía.

7. ESTAR DISPUESTO A OLVIDAR RÁPIDA Y COMPLETAMENTE

Las amistades profundas se desarrollan cuando las dos personas olvidan rápidamente y no se demoran en pedir perdón. Si no es capaz de decirle a alguien de buen grado: «Me he portado egoístamente, fui insensible contigo, me avergüenzo de mi comportamiento, y te pido que me perdones», entonces no podrá establecer una amistad profunda con esa persona.

Todos vamos a cometer errores de vez en cuando, y sin darnos cuenta vamos a herir a otros en el proceso. El perdón es la única forma de sanar realmente las relaciones dañadas, de forma que ambas personas puedan avanzar en la relación con libertad y fuerza.

«Pero», puede que esté pensando, «yo no tengo la culpa. ¿Aun así tengo que pedir perdón?»

Sí.

Cuando se trata de restaurar y reconciliar una relación no se trata de ver quién pide perdón primero, sino más bien de dar y recibir perdón. Uno no puede alzarse orgulloso y decir: «Estoy esperando que el otro se disculpe conmigo». El hecho es que probablemente lamenta de verdad que haya una brecha en la relación, sin que importe quién la inició. En esos momentos es sabio decir: «Lamento que nuestra relación haya sido herida. Por favor, perdóname por lo que he hecho para herir nuestra amistad. Yo valoro mucho mi relación contigo, y no quiero alejarme de ti». Es mejor pedir perdón que aferrarse al hecho de tener razón, permitiendo así que la amistad se dañe.

Si alguien dice: «Te perdono, pero...» o «Te puedo perdonar todo menos...», ese «pero» excluye todo perdón. El perdón auténtico prohíbe cualquier tipo de amargura o resentimiento. Si permite que cierta situación se convierta en una fortaleza en su mente... si sigue trayendo a colación heridas antiguas...si continúa sintiéndose rechazado y aislado...entonces no ha perdonado realmente a la otra persona.

Ningún cristiano puede justificar el hecho de negarle el perdón a otro. ¡Recuerde todo lo que le ha perdonado el Señor a usted! ¿Cuántas actitudes y acciones pecaminosas le ha perdonado? ¿Cuántas veces ofensas repetidas contra sus mandamientos?

¿Cuántas veces le ha perdonado por su falta de sensibilidad espiritual, por error en sus juicios, por oportunidades desperdiciadas, o por comentarios que hacen daño? ¿Cuántas veces le ha perdonado por no apreciarlo completamente, por no reconocerlo más frecuentemente, por no adorarlo más fervientemente?

Jesús enseñó: «De gracia recibisteis, dad de gracia» (Mateo 10.8). Seguro que hemos recibido perdón, así que debemos ser rápidos en ofrecérselo a otros.

8. ACEPTAR CRÍTICA Y ELOGIO

Las amistades profundas se desarrollan cuando las dos personas de la relación aceptan con gusto la crítica y el elogio. Los verdaderos amigos se hacen críticas constructivas y amables, y se alegran en los éxitos y logros del otro. El desafío tiene dos caras: debemos estar dispuestos a recibir la crítica que se ofrezca de forma amable, y debemos aplaudir los esfuerzos de nuestros amigos. Muchos de nosotros somos más rápidos en hacer comentarios críticos que en recibir o dar una crítica constructiva. Para muchos de nosotros es más fácil recibir elogios que apreciar sinceramente los éxitos de nuestros amigos.

Si está dispuesto a aceptar los elogios de sus amigos, debe estar igualmente dispuesto a aceptar sus críticas. Debe estar dispuesto a escuchar tanto un «Tienes razón», como un «Estás equivocado».

La crítica constructiva no es una crítica con la intención de destruir a alguien, sino que es una forma de ayudar y amar a la otra persona. La crítica constructiva siempre se debería ofrecer después de orar al respecto, ya que muchas veces la crítica apresurada puede resultar dañina. La crítica constructiva siempre debería darse en el momento en que la otra persona pueda recibirla mejor. Espere un poco a que termine el partido, la función teatral, el culto, la conversación o espere a que los ánimos se calmen.

Cuando se trata de crítica, si usted es el que la ofrece, debería sentir más dolor que el que cree que va a recibir el otro. Debería ser tan difícil (o más aún) para usted criticar como para la otra persona recibir la crítica.

Si un verdadero amigo comienza a criticarlo, lo más sensato es cerrar la boca, escuchar atentamente y después darle las gracias por su ayuda. Evite reacciones exageradas, y no trate de justificar su comportamiento. A veces es bueno explicar nuestros motivos para actuar de cierta forma, pero siempre debemos evitar ponernos a la defensiva. Sea como sea, no alce la voz. Reflexione sobre lo que le ha dicho su amigo, pues probablemente encontrará bastante verdad en ello, y saldrá beneficiado al tomarse en serio su crítica, y al hacer algunos cambios en su comportamiento o actitud.

9. Adherirse a los principios bíblicos

Las amistades profundas y duraderas se desarrollan cuando la amistad se basa en principios bíblicos. ¿Le puede decir a su amigo: «Hagamos que los principios de Dios gobiernen en nuestra relación, en la forma de hablarnos, de tratarnos, y en lo que esperamos del otro, tanto en la vida privada como en la pública»? Si la respuesta es afirmativa, va por buen camino en su amistad.

10. Ser probados con el tiempo

Las amistades profundas y duraderas se desarrollan con el tiempo. No se puede formar una amistad verdadera en un día...una semana...un mes...ni siquiera en un año. Las amistades profundas y duraderas exigen tiempo, los amigos deben pasar tiempo de calidad y también cierta cantidad de tiempo juntos, para conversar y compartir experiencias. La única forma de establecer, probar y refinar los otros aspectos de la amistad es dándole tiempo al tiempo.

Llegar a tener confianza, de forma que cada uno pueda ser transparente y vulnerable, es algo que exige tiempo. También exige tiempo llegar a ver que la fe de la otra persona, y su compromiso con los principios de Dios es algo firme. Las dos partes necesitan tiempo para ver qué da la otra persona sin tratar de manipular, y qué recibe sin orgullo egoísta. Conocer los intereses, deseos y necesidades de la persona, para ver cómo servirla mejor, también lleva su tiempo.

Saber que un amigo va a estar con usted en los momentos buenos y en los malos es algo que lleva tiempo. Probar su habilidad mutua para perdonar y ser perdonado es algo que también lleva tiempo, así como saber soportar los momentos de dolor causados sin mala intención.

No espere una amistad instantánea.

No espere que una amistad dure por siempre sin esfuerzos de su parte.

No espere que un amigo sea tan resistente que pueda ignorarlo, abusar de él, o no valorarlo, sin que eso le cause daño a la amistad.

La firmeza y la constancia deben ser las características de cada una de las facetas de la amistad comentadas en este capítulo.

Las amistades profundas y centradas en Dios, las cuales establece apoyándose en la sabiduría divina, tienen una gran recompensa: Van a ser amistades eternas. Las amistades construidas sobre la base de Cristo Jesús son las amistades que de verdad duran por siempre y producen gozo eterno.

Ocho bloques fundamentales para la construcción de amistades profundas

Las amistades constantes, profundas y centradas en Dios no se dan por casualidad. Hay que construirlas. Y para eso hacen falta ocho bloques fundamentales.

Bloque #1: Tiempo

Tiene que estar dispuesto a pasar tiempo con sus amigos. Tengo que admitir que seguramente he perdido algunos amigos a lo largo de los años por haberles dicho, «No tengo tiempo», cuando me invitaron a ir a lugares o a compartir experiencias con ellos. La verdad es que no me molesté en encontrar el tiempo. Todos solemos encontrar tiempo para las cosas que queremos. De la misma forma debemos encontrarlo para las relaciones que deseamos tener.

Si no encontramos tiempo para nuestros amigos es porque realmente no los estamos valorando como deberíamos. Pero también tenemos que ser conscientes de que nuestro tiempo es limitado, por lo que probablemente sólo tendremos tiempo para unas cuantas amistades profundas. Esto no significa que no podamos tener más amistades superficiales, pero para desarrollar una amistad profunda y verdadera, es vital pasar tiempo juntos.

Bloque #2: Conversación

El segundo bloque para construir una buena amistad es la conversación. La conversación es la pauta para descubrir más sobre una persona, es la ventana por la que vemos el corazón, la mente, el alma y el espíritu de la otra persona. Cuanto más converse con alguien, y mire el interior de esa persona, más conocerá sobre ella. Y cuanto mejor conozca a esa persona, más la amará, o quizá se dará cuenta de que es probable que su amistad sea corta.

A lo largo de los años he escuchado a muchas esposas comentar sobre sus maridos: «Me gustaría que hablara más conmigo». La verdad es que esas mujeres querían conocer mejor a sus maridos. Querían conocer lo que sus maridos pensaban y sentían. Si un hombre no habla con su esposa, le pone una barrera al entendimiento mutuo. Maridos...tómense tiempo para hablar con sus esposas. Puede que ustedes no sientan necesidad de hablar, ¡pero ellas sí!

Cuando está con un amigo el tema de conversación realmente no es tan importante. Los sábados por la mañana desayuno con tres amigos. Como todos los sábados vamos al mismo restaurante, el personal de allí ya nos tiene reservada una mesa. Las profesiones de estos tres hombres son diferentes a la mía, pero tenemos muchos intereses comunes. ¿De qué hablamos? De todo y de nada. De cualquier cosa que nos pase por la cabeza. Nuestra conversación es fluida y natural, ningún tema es tabú, ningún tema es demasiado trivial o demasiado elevado. Estamos abiertos unos a otros. Somos amigos.

BLOQUE #3: COMPARTIR RISAS Y LÁGRIMAS

Los amigos verdaderos ríen y lloran juntos. Si alguien es un amigo de verdad no deberíamos dudar ni un momento en acudir a él cuando nos sentimos heridos, rechazados o desilusionados...o cuando hemos tenido algún éxito.

Los que se guardan todas las emociones, tanto las tristes como las gozosas, perjudican su propia salud. Todos necesitamos «soltar» lágrimas y risas para dar salida a nuestras emociones.

Bloque #4: Expresar gratitud

Los amigos se dan las gracias. No hace mucho tiempo se me presentó un amigo justamente cuando necesitaba a alguien para hablar de cierta situación por la que estaba pasando. Le dije: «Tienes una forma extraña de aparecer justo cuando estoy necesitando a alguien que escuche algo que tengo que contar. Estoy muy agradecido por tu presencia en mi vida. Te agradezco los consejos tan sabios que me das». Y así es.

Tengo un amigo fotógrafo que me suele llamar una vez por semana. Nunca sé exactamente desde dónde me llama, una de las últimas veces lo hizo desde París. Pero siempre sé que va a decir dos cosas: «Le doy gracias a Dios por nuestra amistad» y «Te amo, hermano». Tener un amigo que abierta y frecuentemente te dice esas cosas es algo realmente maravilloso. Si hace tiempo que no le ha dicho a un amigo que le da gracias a Dios por su presencia en su vida...o si no le ha dicho: «Te amo»...le animo a hacerlo.

Bloque #5: Detalles considerados

Hay veces que la mejor forma de mostrarle aprecio a un amigo es hacer algo por él o darle alguna cosa. El detalle o el regalo no tiene que ser grandioso ni extravagante, sino más bien algo que conlleve el mensaje: «Estoy pensando en ti. Te escucho. Sé lo que te gusta, e incluso lo que necesitas». Un amigo se alegra al ofrecer algo que sabe que a su amigo le gusta.

Uno de mis amigos es un gran dador. Continuamente me envía cosas que cree que me gustarán. Como viaja mucho, y nosotros tenemos muchos intereses en común, sus regalos siempre son muy significativos, y a veces son cosas fuera de lo común. Por mucho que he protestado sobre los regalos, sigue enviándome cosas. Un día me dijo: «Yo sólo soy un dador. Eso es lo que hago. No intentes hacer lo mismo, porque no podrás. Yo disfruto regalando. No me quites esa alegría diciéndome que no te regale nada».

Maridos, ¿a sus esposas les gustan las flores? Sorpréndanlas con un ramo de flores de vez en cuando. Regalarles algo que saben que les gusta es una forma de decirles: «Me alegro de que estés en mi vida». De la misma forma, esposas, denles a sus esposos alguna sorpresa de vez en cuando, algo que diga: «Me alegro de que estés conmigo».

Una señora me contó hace poco lo que una amiga hizo por ella. Esta señora iba a recibir en su casa a una familia de cinco miembros, que se iban a hospedar allí mientras matriculaban a una hija en una universidad cercana. Ella se lo había contado a su amiga. Al día siguiente la amiga se presentó en su casa con una olla muy grande, diciéndole: «Hice bastante comida. Creo que te vendrá bien». La señora pensó: «Ella es una amiga de verdad. Supo exactamente cómo bendecirme aquel día».

BLOQUE #6 TOLERANCIA

Los amigos toleran los malos humores ocasionales, los comentarios hirientes dichos de forma precipitada, y las malas actitudes que son consecuencia de estar demasiado cansado o estresado.

A veces la tolerancia significa acostumbrarse a algún hábito molesto de la otra persona. A veces significa ser indulgente con un amigo que ha vuelto a llegar un cuarto de hora tarde. Hace poco tiempo un amigo me contó una historia que ya había oído tantas veces que podría contarla con detalles. Este hombre sabía que yo ya había oído la historia. Todos los que estaban en la mesa habían oído la historia, pero todos le escuchamos como si fuera la primera vez. Es un amigo.

BLOQUE #7 AFECTO FÍSICO

El afecto físico entre amigos, realizado de forma apropiada, es algo de mucha fuerza. Un amigo verdadero es alguien a quien podemos abrazar y palmear la espalda.

Hace poco estaba comiendo solo en un restaurante cuando me di cuenta de que un hombre estaba enojado con la camarera por alguna razón. En vez de responder de forma negativa, ella se acercó a él y le tocó ligeramente el hombro, diciéndole: «Lo siento...» No tuvo que decir nada. En cuanto lo tocó, el hombre se derritió, le cambió el semblante y también el tono de voz.

La mayoría de la gente está pidiendo afecto físico a gritos, pues eso es señal de empatía, cuidado, preocupación y valor. Si alguien se me acerca después del culto del domingo y me dice que tiene el corazón roto (puede que su esposa lo haya abandonado, y él se haya quedado solo con los niños, y no sepa a quién acudir), ese hombre no espera de mí que permanezca distante y le diga fríamente: «No te preocupes, estoy seguro de que Dios te ayudará». No. Ese hombre quiere un pastor que se acerque a él y le dé un abrazo, o le rodee los hombros con el brazo, le mire a los ojos y le diga: «Estoy sufriendo contigo. Voy a orar por ti, sé que Dios va a sacar algo bueno de esto. Si te puedo ayudar en algo, dímelo».

No me refiero a que usted tenga que abrazar a todo el que se le presente, ni a que sea excesivamente afectuoso con las amistades superficiales, sino que sea sensible a las necesidades y deseos de la otra persona. Sólo debemos tocar a la gente de manera que no se incomoden. Pero con un amigo no tendríamos que pensar dos veces si tocarlo o no a la hora de expresar afecto (puro y no sexual), aliento y aprecio.

Bloque #8 Transparencia

La transparencia es no ocultar los sentimientos, tener motivaciones falsas u ocultar una agenda secreta en nuestro trato con alguien. Si quiere desarrollar una amistad auténtica con alguien, entonces tiene que permitir que esa persona vea su yo real.

La suma es *amor*

Todos estos bloques de construcción conforman una simple palabra de cuatro letras: *amor*. Si usted ama a una persona, entonces pasará tiempo con ella, conversará con ella, reirá y llorará con ella, le estará agradecido, tendrá detalles con ella, la tolerará sin quejarse, la tocará con afecto, será transparente con ella, le dirá la verdad y confiará en ella.

El principio esencial para tener un amigo íntimo, verdadero y temeroso de Dios es ser también un amigo así.

CAPÍTULO OCHO

SABIDURÍA PARA SANAR RELACIONES DAÑADAS

S eguramente una de las citas más famosas sobre la amistad es:

> Haz nuevos amigos, y cuida los viejos,
> Los unos son plata y los otros son oro.

¿Sin embargo, cómo se puede hacer esto? Todas las relaciones pasan por épocas malas de vez en cuando. Algunas relaciones son tan golpeadas que comienzan a tambalearse y parece que se van a derrumbar sin solución. ¿Cuál sería la forma más sensata de reaccionar ante esto?

Hay tres preguntas fundamentales que nos debemos hacer cuando las relaciones pasan por momentos malos

1. ¿Quiero restaurar esta relación?
2. ¿Cuál fue la causa del daño?
3. ¿Qué se puede hacer ahora?

Las respuestas a estas preguntas determinarán lo que hagamos al respecto.

DECISIONES BASADAS EN LA RESTAURACIÓN Y RECONCILIACIÓN

Las primeras preguntas que debemos hacernos cuando una relación empieza a ser problemática son: ¿De verdad quiero hacer lo que sea necesario para restaurar esta relación? ¿Valoro esta relación tanto como para tragarme el orgullo, reconocer mis errores e introducir cambios? ¿Creo que la relación debería continuar, que ésa es la voluntad de Dios?

La verdad simple y llana es que no todas las relaciones de amistad van a durar siempre. Algunas sí...y otras, no.

La gente llega a nuestra vida por un razón, una temporada, o por toda la vida. Cuando tenga clara la razón por la que cierta persona está en su vida, probablemente sabrá con más claridad qué hacer por dicha persona, y cómo relacionarse con ella.

RELACIONES POR UNA RAZÓN DETERMINADA

Si alguien está en nuestra vida por alguna *razón*, lo normal es que esa persona responda de algún modo a cierta necesidad que nosotros hayamos expresado, o lo contrario.

Puede que Dios nos haya enviado a dicha persona para caminar junto a nosotros y ayudarnos en alguna dificultad, para guiarnos o ayudarnos física, emocional o espiritualmente. En términos generales, las personas que llegan a nuestras vidas sólo para una época determinada parecen ser enviadas por Dios, ¡y lo son! Dios nos las

184

envía justo cuando las necesitamos, y para todo el tiempo que las necesitemos.

También puede ser que Dios le pida que por alguna razón sea parte de la vida de alguien. Puede que Dios lo elija a usted para ayudar a dicha persona en alguna dificultad, para guiarla o ayudarla física, emocional o espiritualmente.

Y después de eso, sin que ninguna de las dos partes haya cometido ningún error, y probablemente sin que uno pueda saber de antemano cuándo será, usted o la otra persona, dirá o hará algo que pondrá punto final a la relación.

A veces la persona muere. Otras veces se marcha. Y otras veces actúa de forma tal que nos obliga a tomar una determinación que a ella le parece inaceptable.

De lo que tiene que darse cuenta es de que esa persona tuvo una razón de ser en nuestra vida. Ya se hizo el trabajo. Se respondió la oración, ya fuera nuestra o de la otra persona. Ahora ha llegado el momento de separarse.

RELACIONES TEMPORALES

Hay gente que llega a nuestra vida por una *temporada*. Suele ser una temporada de compartir mutuamente, crecer, o aprender el uno del otro. Puede que la temporada sea definida por circunstancias externas: los dos han sido compañeros de habitación mientras estudiaban en la universidad, o son vecinos, trabajan en la misma empresa, o forman parte de la Asociación de Padres del colegio de sus hijos. Es posible que algunas relaciones temporales nos traigan paz, consuelo y camaradería. Muchas veces estas personas nos hacen reír, nos enseñan algo, o nos permiten entender mejor la vida.

Es posible que la persona nos ayude en algún proyecto, o nosotros la ayudemos a ella, persiguiendo juntos un objetivo común.

Puede ser que en estas relaciones temporales una de las dos partes se marche. Puede que cambie de barrio, de ciudad, de empresa, o simplemente, que cambien las circunstancias de la vida: los hijos se gradúan, los intereses cambias, se terminan los proyectos...

¡Disfrute de las relaciones temporales! Son auténticas y valiosas...pero sólo por una temporada.

Normalmente es triste poner punto final a estas relaciones, ya que se han creado vínculos profundos y fuertes. Pero debemos reconocer que Dios pone a esas personas en nuestras vidas sólo por una temporada, y las temporadas cambian.

RELACIONES PARA TODA LA VIDA

Hay otras relaciones que son para toda la vida. En el marco de una relación así, alguien nos da durante toda la vida lecciones sobre compromiso, amistad, lealtad y amor. Los temas de los que se hablan, y las tareas que se emprenden juntos tienen una base emocional sólida, de cuidados mutuos, de dar y recibir el uno del otro.

Nuestro papel en este tipo de relaciones es aceptar las lecciones, amar a la persona, y aplicar lo aprendido de esta persona en otras relaciones o áreas de nuestra vida.

Una vez alguien me dijo: «El amor es ciego, pero la amistad es clarividente». Hay veces que un amigo de toda la vida puede ver quiénes somos con mucha más claridad que la que tenemos nosotros mismos para ver la realidad de nuestros sentimientos más profundos y las razones subyacentes a nuestra forma de actuar. Un amigo de toda la vida tiene el contexto histórico de nuestra amistad para juzgar nuestro comportamiento y proyectar las consecuencias de nuestras acciones.

APRECIAR Y VALORAR TODO TIPO DE RELACIONES

Tenemos que apreciar y valorar estas amistades. No tenemos que pensar menos, o amar menos al amigo que está en nuestras vidas solamente por una razón o por una temporada. Todos los amigos merecen nuestros mejores esfuerzos en la amistad, el cuidado, la amabilidad y la cortesía.

Hay dos momentos cruciales para reconocer si una relación va a ser por un razón, una temporada o para toda la vida. Esos momentos son: cuando una relación llega a un punto en el que hace falta algún tipo de compromiso, y cuando la relación termina.

Si está pensando en comprometerse con alguien a algo, asegúrese antes de saber la duración de ese compromiso. No me refiero sólo al matrimonio, aunque desde luego, el matrimonio es una relación que exige un compromiso hecho con votos. No se comprometa a ser amigo de alguien durante toda la vida si usted cree que es probable que esa amistad sólo sea por una causa determinada o por una temporada. No se comprometa con relaciones a largo plazo en los negocios, con consejería o a cuidar de alguien si tiene la impresión de que la relación con dicha persona va a ser breve.

Saber de antemano que una relación va a ser sólo por un motivo determinado, o por una temporada, nos ayudará a no sentirnos profundamente rechazados o heridos cuando la relación termine.

¿ALEJARNOS O QUEDARNOS?

Hay veces que tenemos que alejarnos de una relación porque la otra persona se adentró en un camino de rebeldía contra Dios, o porque esa persona nos ha amenazado, abusa de nosotros en algún sentido, o ha puesto la relación en términos pecaminosos o poco sanos. Hay veces que Dios interviene y nos dice de una relación: «¡Se acabó!»

En otras ocasiones debemos hacer todo lo posible para restaurar o restablecer las relaciones dañadas. Tenemos que hacer lo que esté a nuestro alcance para reconstruir la relación hasta que sea fuerte, poderosa y saludable.

Si no quiere restaurar una relación herida, intente ponerle punto final de la mejor forma posible. Si las dos partes se alejan la una de la otra, se puede dejar el asunto así sin más. Pero si sólo una de las dos personas quiere conservar y reparar la relación, entonces va a ser conflictivo. Se sentirá incómodo o confuso cuando esté con la otra persona, a menos que encuentre alguna forma de resolver la situación y de pedirle al Señor que les ponga a los dos en un lugar de perdón y paz. No se demore en hacerlo. Cuanto más espere para tomar una resolución con respecto a su relación, más fuerte será el dolor que sentirán los dos o uno de los dos.

Si las dos partes desean realmente sanar esa relación dañada, tómenselo en serio. Prácticamente todas las relaciones dañadas se pueden sanar si las dos personas involucradas se comprometen a ello. Las dos personas tienen que poner de su parte. Hará falta persistencia y oración. Será necesario tener paciencia y encontrar tiempo para hablar. Pero es posible.

Pídale a Dios que les muestre cómo ayudar a su amigo a crecer en Cristo. Pídale a Dios que le muestre cómo cambiar y crecer y llegar a parecerse más a Cristo en carácter, actitud y comportamiento. Pídale a Dios que le muestre a cada uno de ustedes cómo ser mejor amigo del otro.

DISCERNIR QUÉ FUE LO QUE DAÑÓ LA RELACIÓN

El primer paso hacia la restauración y la reconciliación es reconocer la crisis. Ustedes dos tienen que llegar al punto de admitir que existe un problema en la relación, y que hay que introducir algunos cambios para restaurar la amistad de la que se disfrutó en un momento dado.

Después de eso, pregúntense: «¿Cuándo se estropeó la relación?»

No se trata de que comiencen a acusarse o a justificarse, sino de hacer una evaluación objetiva de las cosas que deben cambiarse, explicarse o repararse. Evite pensar o hablar en términos de «es que tú siempre», o «es que tú nunca». En vez de eso enfóquense en los malentendidos, en lo que se dijo o no se dijo, en lo que se hizo o no, en qué hirió la relación.

Tenemos la sabiduría de reconocer que algunas amistades o relaciones no se establecieron sobre una buena base. Faltaron uno o más bloques de los que hablábamos en el capítulo anterior. Si existe algún «desperfecto» en su relación, enfóquense en esa área.

También hay que reconocer que hay que esforzarse mucho para hacer que las amistades se mantengan fuertes. No puede pretender pasar una semana con una persona, no verla después durante cinco años, y esperar que la amistad esté intacta. No puede ser transparente con un amigo en una conversación, poner después barreras en las siguientes cinco conversaciones, y establecer una amistad fuerte. Examine su propia firmeza al comunicar, dar, compartir, pasar tiempo y expresar gratitud.

Las amistades fuertes, maduras y con base sólida también pueden dañarse. No existe ningún matrimonio que no sea susceptible de fracasar...ni amistad que no sea susceptible de sufrir daños.

La primera forma de dañar cualquier tipo de relación es simplemente dejar de hacer o echar abajo uno o varios bloques de los que se hablaron en el capítulo 7. Las relaciones son desiguales o resultan dañadas si...

- Dejamos de pasar tiempo juntos.

- Dejamos de hablarnos el uno al otro.

- Nos mostramos reacios a compartir pesares y alegrías, dejamos de reír y llorar juntos.

- Dejamos de expresar gratitud o de tener detalles.

- Nos volvemos cada vez más críticos con el otro, y menos tolerantes ante sus errores, apreciamos menos sus esfuerzos, aceptamos menos sus debilidades.

- Dejamos de demostrar afecto físico.

- Nos rodeamos de una muralla y dejamos de compartir libremente con el otro. Uno o los dos se guardan cosas y ocultan motivos, sentimientos y pensamientos.

- Uno, o los dos, miente al otro, no sólo sobre lo que se está haciendo, sino sobre lo que se piensa y se siente con respecto a la relación.

- Dejamos de confiar en el otro

ACTITUDES Y COMPORTAMIENTO QUE DETIENEN EL FLUJO DEL AMOR

Cuando el amor deja de fluir entre amigos y cónyuges, casi siempre será por una o más de estas razones:

1. *Egoísmo*. Si una persona comienza a enfocarse en sí misma, en lugar de pensar en la otra, la relación comienza a tambalearse. Una de las manifestaciones del egoísmo es estar demasiado ocupados. Si alguien se preocupa demasiado por lo que está haciendo...se preocupa excesivamente de lograr sus objetivos personales...se enfoca sólo en lo que quiere hacer y en adónde quiere llegar...deja fuera a sus amigos. Se ocupa de cosas que son más importantes que sus amigos, y les envía el mensaje: «Prefiero hacer esto que estar contigo. Quiero lograr esto yo solo, sin tenerte a ti en el proceso». Si un amigo o cónyuge se siente completamente excluido es posible que se marche.

2. *Manipulación*. Cuando una de las dos personas comienza a controlar a la otra, la relación empieza a derrumbarse. Existen muchos tipos de manipulación, como jugar con la mente de la otra persona, abuso verbal, denigración, retener finanzas o recompensas que le corresponden a alguien, o negarse a tener sexo en el matrimonio. El resultado de la manipulación es que una persona se convierte en «amo» y la otra en «esclavo». La relación ya no es una amistad mutua entre dos iguales, sino una herejía.

3. *Celos*. Cuando una persona se vuelve tan celosa que no le permite a la otra persona tener otros amigos o relaciones, la relación comienza a desintegrarse. Aquí no me refiero al matrimonio, pues existe un celo divino que un marido debería tener por su esposa, y la esposa por el marido, de forma que no le permitan a ninguna otra persona la entrada en la intimidad del matrimonio. Pero inclu-

so en el matrimonio, cada uno de los cónyuges le tiene que permitir al otro tener amigos. Los maridos deberían tener amigos temerosos de Dios, y las esposas deberían tener amigas piadosas.

4. *Crítica constante.* Si una de las dos personas expresa constantemente su desaprobación ante la apariencia de la otra persona, su forma de hablar o de actuar...está en desacuerdo constante con sus opiniones y decisiones, o denigra continuamente a la otra persona...la relación se destruye. Por supuesto que de vez en cuando es necesario hacer sugerencias constructivas para ayudar a la otra persona, pero estar continuamente insistiendo en lo que uno cree que son errores y fallos del otro es matar la relación.

5. *Comportamiento emocional explosivo.* Si una persona, o las dos, no controla la forma de dar salida a sus emociones, la relación se daña. ¿Por qué? Porque cuando el enojo o la amargura se desahogan de forma explosiva, muchas veces se dicen cosas y se hace un daño irreparable aun cuando uno se disculpe muchas veces.

Existe una forma de expresar enojo «sin pecar» (Ef 4.26). Podemos canalizar nuestro enojo hacia un cambio constructivo, enfocándonos en lo que podemos y debemos hacer más que en lo que queremos que haga la otra persona. Podemos manejar problemas y preocupaciones antes de que lleguen al punto culminante. Podemos compartir nuestras frustraciones y sentimientos antes de que la amargura o el odio lleguen a un nivel explosivo. Podemos decir que nos sentimos desilusionados, preocupados, decepcionados o doloridos, sin alzar la voz, excavar en el pasado o destrozar la identidad de la otra persona. Y siempre podemos expresar nuestras emociones sin tachar los rasgos personales de nadie, su aspecto, atractivo, raza, edad, trasfondo cultural, educación o defectos de carácter.

Darle rienda suelta a la ira o a la amargura de forma incontrolada casi siempre causa un daño profundo en la autoestima de la otra persona. Ese daño puede ser tan profundo que señala el final de todo el amor en la relación.

Si es propenso a los estallidos emocionales, consiga ayuda. Trabaje con un consejero para descubrir por qué está tan enojado, amargado, o dolorido.

6. *Codicia.* Sentir celos es aferrarse a algo que creemos que nos pertenece por derecho, y esto, como en el caso del matrimonio, puede ser legítimamente nuestro. Dios sentía «celo» por los israelitas porque eran su pueblo por derecho. Por el contrario, la envidia o la codicia significa desear algo que por derecho le pertenece a otra persona. Es desear las cosas de la otra persona. Puede tratarse de algún rasgo físico, como fuerza o belleza, una posesión, un talento, un don espiritual, un ministerio, una habilidad o destreza, una relación, o un trasfondo familiar. También puede tratarse de codicia de reputación, fama, posición o autoridad. Es imposible sostener una amistad con alguien que desea lo que uno tiene, y desea ser quien uno es. La amistad exige respeto y admiración mutuas ante lo que la otra persona tiene, hace y es.

7. *Intimidad sexual inapropiada.* La amistad y el matrimonio son dos relaciones muy diferentes cuando se trata de intimidad sexual. En una amistad no hay lugar para la intimidad sexual, sino sólo en el matrimonio. Desde luego, una amistad puede crecer hasta el punto de que aparezca un romance y haya un matrimonio, pero aún en esos casos hay que reservar la intimidad sexual para el matrimonio. Cuando en una amistad se introduce el comportamiento sexual, automáticamente cambia la naturaleza de tal amistad.

Ésta es una de las razones por las que a los hombres les resulta tan difícil tener amigas del sexo opuesto, y viceversa. Es casi imposible que un hombre casado tenga alguna amiga, o que una mujer casada tenga algún amigo, sobre todo si los dos son de la misma edad y están sanos físicamente. La posibilidad del envolvimiento sexual siempre está ahí.

La intimidad sexual no le aporta nada a una amistad. Nada que sea contrario a los mandamientos de Dios puede edificar una amistad.

8. *Expresiones de traición o deslealtad.* Si una de las dos personas traiciona a la otra o le es abiertamente desleal, entonces la relación sufre un gran golpe. Esto es especialmente cierto cuando una confidencia se hace pública o una persona se une con otra para socavar los esfuerzos de su amigo. Hay pocas cosas que puedan dañar tanto la confianza como un acto desleal.

Hay muchos comportamientos que se pueden clasificar como traición o deslealtad. El adulterio o cualquier caso de infidelidad puede considerarse una traición. La deshonestidad en los negocios también puede ser un acto de traición. Las acusaciones y la crítica pública se pueden percibir como un acto de deslealtad. La verdad es que no importa quién tenga razón o no en esas situaciones. Tampoco importa que la persona que esté perpetuando tales acciones aduzca tener motivos para ello. Lo que importa son los sentimientos de quien es herido, expuesto, acusado o criticado. Judas no tuvo dudas de que lo que hacía al entregar a Jesús a las autoridades religiosas de Jerusalén estaba justificado. Puede que incluso pensara que contribuía a construir el caso o a acelerar el momento en que Jesús fuera revelado y declarado Mesías. Pero las acciones de Judas fueron una traición a Jesús, un acto de deslealtad.

Si ha actuado sin mala intención, y su amigo le dice que se siente traicionado por algo que usted dijo o hizo, discúlpese rápidamente. Exprésele su pesar. Arrepiéntase de su comportamiento desleal. Pida perdón. No trate de justificar su comportamiento por el hecho de haber actuado sin malicia. Haga lo que pueda para sanar la herida que está sintiendo la otra persona.

IDENTIFICAR LOS PASOS QUE DEBEN DAR AMBOS

Hay cuatro pasos básicos que ambos deben tomar si deciden sanar una relación dañada.

1. PEDIR DISCULPAS

Si vale la pena salvar la relación, ambas personas deberían estar dispuestas a disculparse por su parte en el malentendido, daño o ruptura. Una ruptura no suele ser el resultado de las palabras o las acciones de una única persona. Casi siempre hay algo que las dos dijeron o no dijeron, hicieron o no hicieron. Debe pedir perdón aun si cree que tiene razón totalmente. No pierde nada si pidiendo disculpas consigue sanar una relación que aprecia.

Genuinamente, tomen la decisión de perdonarse mutuamente por el dolor de la relación rota.

2. IDENTIFICAR LOS PASOS CONSTRUCTIVOS Y POSITIVOS QUE PUEDAN DAR CADA UNO

Actúe de forma concreta. Enfóquese en lo que se puede observar, defina los pasos que se pueden dar en el futuro cercano. Por ejemplo, si está de acuerdo en que necesitan pasar más tiempo juntos, fijen una fecha y un lugar, u organicen unas vacaciones que puedan permitirles pasar más tiempo juntos. Si cree que necesitan hablar más, aparte un tiempo en su horario para reunirse para almorzar sin prisas y poder compartir con tranquilidad, sin estar mirando el reloj.

3. COMPROMETERSE MUTUAMENTE A RECONSTRUIR LA RELACIÓN

Pónganse de acuerdo para trabajar en la relación. Si la otra persona dice: «Se acabó. Me marcho», tiene que darse cuenta de que no puede forzar a nadie a permanecer en una relación con usted o a tener el tipo de relación que desea. No puede hacer que otra persona lo ame o sea amigo suyo. La amistad es una opción, un acto de la voluntad, como lo es el matrimonio.

4. TOMAR LA DECISIÓN DE SEGUIR ADELANTE Y DEJAR ATRÁS EL PASADO

No albergue culpa o resentimiento. No traiga a colación heridas antiguas. No deje que su mente se llene de la frustración, pena, desaliento o decepción que sintió en el pasado. Encare el futuro con optimismo, piense en que será capaz de restaurar su relación, y en los buenos tiempos que les esperan. Piense y actúe de forma positiva. Pídale a Dios que sane su amistad y la haga más fuerte que nunca.

CRECER PERSONALMENTE

Una relación dañada puede ser una oportunidad estupenda para la introspección personal, la sanidad y el crecimiento. Enfóquese en lo que puede aprender de su experiencia con esa relación. Aquí hay cinco preguntas muy importantes sobre las que le animo a reflexionar:

1. *¿Estoy proyectando en mi amigo o cónyuge alguna herida o dolor por un hecho pasado?* ¿Abusaron de usted cuando era niño o adolescente? ¿Fue rechazado o abandonado por alguien que amaba? ¿Fue herido profundamente, maltratado o traicionado por alguien hace mucho tiempo?

Muchas veces llevamos heridas viejas a las relaciones nuevas. Trasladamos viejos patrones de responder o reaccionar a las nuevas amistades.

2. *¿Estoy proyectando en mi amigo o cónyuge las cosas que son realmente ciertas en mi propia vida?* Hace falta tener mucha objetividad para responder esta pregunta con honestidad, ya que normalmente no vemos con claridad nuestros propios errores o debilidades, sino que más bien tendemos a proyectar en otra persona los pensamientos y sentimientos que guardamos secretamente para nosotros. Si somos tacaños...tendemos a criticar la falta de generosidad de otra persona. Si albergamos cólera interna...tendemos a criticar lo que nos parece ser enojo en otra persona.

También tenemos la tendencia de proyectar en otra persona los pensamientos y sentimientos que consideramos ciertos acerca de nosotros mismos. Si nos consideramos personas de poco valor, solemos tratar a los otros también como personas de poco valor. Si creemos que fallamos en algo, tratamos de buscar errores en otros. Examine con cuidado las críticas que le hace a otra persona. ¿Se trata de áreas en las que teme estar fallando? ¿Está señalándole pecados a otra persona, sin darse cuenta de que es culpable de lo mismo?

3. ¿Tengo miedo a tener intimidad con la otra persona? ¿Tiene usted miedo de tener una relación profunda con alguien? ¿Siente que necesita más espacio propio? ¿Siente que le roban algo cuando alguien comienza a entenderle demasiado bien? ¿Le resulta sospechoso que parezca agradarle mucho a alguien?

El viejo dicho es cierto: Es mejor querer y después perder, que nunca haber querido. Es mejor tener un amigo íntimo y perderlo, que nunca haberlo tenido. Acepte el riesgo de amar.

4. ¿Tengo expectativas infundadas para esa relación? ¿Está esperando más de lo que la otra persona es capaz de dar? Hay gente que puede ofrecer amor en cantidad, y es rápida y generosa al expresar sus sentimientos...y también hay quien tiene muy poco que dar, y se muestra reacio y lento para expresar el amor. Hay gente que tiene felicidad y paz en su vida, y se muestra confiada a la hora de establecer relaciones. Otros no son así. Por cierto, hay personas que, simplemente, no saben cómo amar. No tienen la capacidad de ser cálidos, generosos, amables, transparentes, de estar disponibles. Sea realista en sus expectativas. Le resultará más fácil ajustarse a sus expectativas, que cambiar a la otra persona. Probablemente tendrá que amar más, perdonar más, y comunicar más, sin recibir mucho al principio.

5. ¿Son los sentimientos de rechazo que estoy sintiendo auténticos o se trata de una baja autoestima, de pensar que no merezco ser aceptado y amado? Hay personas con una autoestima tan baja que no creen que haya nadie capaz de amarlos. Lo que hacen entonces es rodearse de un muro. Y en vez de divisar el muro que han construido, lo que ven son los intentos fallidos de la otra persona para romper el muro, y eso lo consideran rechazo. Sea sincero consigo mismo. ¿Es usted capaz de recibir el amor que alguien está deseando darle?

La sanidad puede fortalecernos

Dios nunca se limita a restaurar una relación o a una persona destrozada para dejarlas igual que estaban antes. Continuamente nos llama a movernos de fortaleza en fortaleza. Si sigue la sabiduría de Dios para sanar una relación dañada, busque introducir cambios en ella para fortalecerla. Trabaje para lograr la reconciliación, con la esperanza y la intención de que su relación sea más vibrante, resistente, más beneficiosa para ambos, y con más propósito. Cuando Dios sana algo, lo usa para llevar gloria a su nombre.

CAPÍTULO NUEVE

SABIDURÍA EN TIEMPOS DE CONFLICTO Y CRÍTICA

Hace varios años un líder cristiano de prestigio nacional me criticó duramente por algo que había sucedido en mi vida personal. Sus comentarios, que fueron impresos en los medios de comunicación nacionales, me hicieron mucho daño. Llegué a comprender de forma muy real lo que quiso decir Jesús cuando empleó la frase: «si tenéis algo contra alguno» (Marcos 11.25).

Cuando tenemos algo contra algún hermano, lo normal es que digamos cosas como...

- «Debería haberse comportado conmigo de otra forma».

- «No debería haber dicho eso de mí».

- «Debería haber llegado a otras conclusiones sobre mi situación».

- «Se debería haber guardado para él solo sus opiniones sobre mí y sobre mi futuro».

¿Qué hice con esos sentimientos de «debería», esos sentimientos contra mi hermano en Cristo?

Lo primero que hice fue llamarlo. Sentí fuertemente la necesidad de decirle que sus comentarios me habían herido. Las dos primeras veces que lo llamé no conseguí hablar con él, pero al final pude contactarlo. Inmediatamente me di cuenta de que este hombre había hablado sin conocer los hechos reales sobre mi situación. Había emitido un juicio sin el debido proceso. Se había convertido en mi fiscal, juez y jurado.

Le pregunté por qué no me había contado que se sintió ofendido por lo que había sucedido en mi vida. Le pregunté por qué no me llamó antes de hacer esos comentarios hirientes sobre mí en los medios de comunicación públicos. No supo qué decirme.

Y más aún, no expresó ningún tipo de pesar por el dolor que me hizo personal o profesionalmente. Colgué el teléfono decepcionado y, francamente, un poco aturdido, pero también sabiendo que había hecho lo correcto bíblicamente. Había ido a este hombre con mis agravios personales.

El siguiente paso que di fue perdonarlo y dejar de lado el tema. No hablé mal de él ni traté de tomar represalias, justificarme o señalar sus errores. Hoy día sigo sin decir quién fue o qué dijo, y tampoco comento la situación que propició su crítica. Dejé pasar el enojo, la frustración y el dolor que sentí, y le dije al Señor: «Es cosa tuya. Confío en que trates con él de la forma que decidas».

¿Cómo se siente usted cuando lo critican? ¿Se siente triste, enojado, herido, inseguro, expuesto o traicionado? ¿Cómo reacciona? ¿Le echa la culpa al otro, lo acusa, se guarda sus sentimientos, o se disculpa?

Los conflictos forman parte de nuestra vida. Se nos presentan en casa, en la universidad, en el barrio, entre amigos, en el campo de deporte y, sí, incluso en la iglesia. No podemos eludirlos, sino que tenemos que aprender a tratarlos y a responder a ellos. En casi todos los casos el conflicto, los malentendidos y las críticas van de la mano, por lo menos hasta cierto punto.

TRES VERDADES BÁSICAS SOBRE EL CONFLICTO

A mucha gente le gustaría vivir en un mundo totalmente libre de conflicto. Tienen una idea paradisíaca acerca de un mundo sin críticas, sin diferencias de opinión, sin discusiones. Yo les aseguro que aquí en la tierra nunca va a existir tal cosa.

Permítame compartir con usted tres verdades básicas sobre el conflicto:

1. EL CONFLICTO ES INEVITABLE

Nunca se puede evitar completamente el conflicto. Si así fuera, Jesús seguramente habría elegido otro camino, así como también Pablo y todos los primeros apóstoles de Jesús. Dios nunca nos promete una vida libre de conflictos. Nunca nos dice que evitemos el conflicto, sino nos anima a aprender cómo responder a él de una forma acorde a su Palabra.

2. EL CONFLICTO ENTRE IGUALES ES EVITABLE

Aunque el conflicto no se puede eludir por completo, no es inevitable entre rivales o semejantes. Hay gente que da por hecho que sólo porque dos personas sean iguales en talento o en logros, tienen que rivalizar o estar en conflicto declarado la una con la otra. Y no es así en absoluto. Ciertamente, los cristianos debemos vivir en armonía con los otros creyentes. No tenemos por qué predisponernos para el conflicto.

En los primeros días de los Estados Unidos dos gigantes de la fe, John Wesley y George Whitefield, lideraron avivamientos importantes que trajeron como resultado que miles de personas aceptaran a Jesucristo como su Salvador. Un día un hombre le preguntó a John Wesley si creía que vería a George Whitefield en el cielo. Wesley le respondió: «No, creo que no». El hombre le lanzó otra pregunta: «¿Quiere decir que piensa que George Whitefield no es salvo?»

Wesley le respondió: «No creo que lo vea en el cielo porque él estará muy cerca del trono, y yo estaré tan lejos que nunca lo veré».

Aunque los dos tenían ciertas discrepancias doctrinales, los dos hombres jamás se criticaron el uno al otro, ni tuvieron conflictos personales. Ninguno de los dos dio evidencias de estar motivado por envidia hacia el otro.

3. NO TODOS LOS CONFLICTOS SON PECADO

Hay veces que el conflicto se presenta por simple negligencia o por un error inocente. No todos los conflictos se originan de forma consciente. Más aún, el conflicto puede traer algo bueno: Cuando la gente comenta las razones del conflicto puede surgir un mayor entendimiento y una apreciación mutua. Puede haber acercamientos nuevos y creativos cuando la gente comparte sus diferentes ideas y perspectivas.

La Biblia dice: «Hierro con hierro se aguza; y así el hombre aguza el rostro de su amigo» (Pr 27.17).

El hierro se aguza con hierro por medio de un «conflicto»: las piezas de hierro rechinan una contra otra para producir un borde afilado. Del mismo modo, mediante debates y discusiones honestas y amistosas, nuestras opiniones se afinan, se nos ilumina el entendimiento, y somos más conscientes de nuestras propias creencias. Los amigos se desafían unos a otros a crecer en fe, a ser más valientes en su testimonio, y a perseguir la excelencia.

Nuestra respuesta al conflicto y a la crítica

Aunque nunca llegaremos a impedir o a controlar por completo el conflicto o la crítica, sí podemos decidir cómo responder a nuestros críticos y a los que nos tratan como enemigos.

Persiga la sanidad, el crecimiento y la resolución

Nuestro objetivo como cristianos debería ser siempre traer resoluciones saludables y resoluciones pacíficas a los tiempos de conflicto. Debemos ser pacificadores. Esto es cierto no sólo para los conflictos entre cristianos, sino también para los conflictos que surgen entre creyentes y no creyentes. El cristiano es quien debe tomar la dirección para buscar una resolución pacífica a este desacuerdo. El no creyente no sabe lo que es la auténtica paz interior, ni tampoco siente motivación para buscar una solución pacífica.

Si usted toma el conflicto como una oportunidad para luchar por su causa, obtener venganza, o tratar de justificarse a sí mismo, es probable que crezca en vez de disminuir.

En cuanto surja un conflicto, pídale al Señor que le dé una actitud de humildad, y que le ayude a obtener la paz.

SEA REALISTA EN CUANTO AL IMPACTO EMOCIONAL

Sea realista acerca de cómo le afecta el conflicto. El apóstol Pablo se sintió lleno de pesar y desaliento cuando supo que había gente que predicaba el evangelio por motivos erróneos (Filipenses 1.15-17). Pero aun así Pablo no se justificó ni se metió en discusiones, sino que trató de ver el cuadro completo, el resultado final era que el evangelio estaba siendo predicado. ¡Claro que se alegró! Por cierto, su alegría fue una decisión consciente. Pablo escribió, «en esto me gozo, y me gozaré aún» (Fil 1.18). A pesar de sus sentimientos personales, decidió mantener una actitud de contentamiento, gratitud y gozo.

Sea realista acerca de cómo responde normalmente al conflicto. Hay gente que suele hacerlo de formas muy poco saludables:

- Suprimen sus sentimientos. Niegan el impacto que el conflicto ejerce en ellos. Se tragan todas las emociones, las niegan o las ignoran completamente.

- Reprimen sus sentimientos. Reconocen el conflicto y los sentimientos que tienen al respecto, pero se niegan a expresarlos o a dar su opinión. Lo que hacen es permanecer tranquilos, con la esperanza de que se disipe el conflicto y se pueda evitar una discusión o confrontación abierta.

- Rápidamente acusan a alguien, y tratan de tomar represalias. Se niegan a aceptar culpa alguna.

Quien responde de estas formas suele ser inseguro. No busca una solución auténtica al conflicto, sino sólo un arreglo rápido que haga cesar el dolor inmediato.

El problema que se deriva de todas estas formas de respuesta es que no le ponen un final claro al conflicto. Los que reprimen y suprimen sus emociones lo único que hacen es tragarse los sentimientos, y los sentimientos sofocados no se disipan de forma natural, sino que hierven, calan, fermentan y crecen dentro de alguien, hasta que un día explotan o se manifiestan en forma de enfermedad. Es probable que surja amargura o resentimiento. Y el resultado final de la amargura y el resentimiento no es nada positivo: se pierden relaciones preciosas, se pierde el gozo, se paraliza el crecimiento espiritual, y uno se vuelve poco efectivo a la hora de servir a otros.

Examine qué parte tuvo usted en el conflicto. Y si está tratándolo de forma negativa, ¡cambie su enfoque!

BUSQUE LAS CAUSAS DEL CONFLICTO

Trate de identificar la causa del conflicto. Pregúntese:

- ¿Fue por algo que yo dije?

- ¿Fue por el tono de voz con que me expresé?

- ¿Ha habido una ruptura en la comunicación?

- ¿El conflicto se debe a algún problema emocional profundo o a alguna necesidad de la otra persona?

- ¿El conflicto es resultado del perfeccionismo de la otra persona?

Hay veces que la raíz del conflicto es una simple diferencia de opinión. En ciertas ocasiones el conflicto alberga diferentes perspectivas sobre una situación, o diferentes ideas acerca de cómo proceder en cierto tema. Pero hay otras veces que el conflicto se debe a celos, envidias, manipulaciones o tomas de poder. El apóstol Pablo no tuvo problemas para identificar la causa del conflicto que surgió en la iglesia después de estar prisionero en Roma. Las dos causas principales eran la envidia y las contiendas.

Hablando en términos generales, las cuatro causas más habituales de conflictos son éstas:

1. *Mala comunicación.* El conflicto a veces surge por no comunicar las cosas claramente. Cuando yo quiero asegurarme de que me han entendido bien, le pregunto a la otra persona: «¿Qué te he dicho? ¿Qué crees que quiero decir?» Muchas veces la persona me responde algo que no es exactamente lo que yo quise decir. Lo mejor es aclarar esas cosas inmediatamente, antes de que den lugar a algún error. La mala comunicación no se arregla sola ni automáticamente, sino que con el tiempo en vez de haber menos problemas, surgen más.

2. *Bagaje emocional y su proyección.* Otra causa de conflicto puede ser el bagaje emocional de una persona. Si alguien crece en un ambiente abusivo, será propenso a estar a la defensiva para protegerse a sí mismo. Cualquier afirmación que le recuerde algún mensaje hiriente que oyó de niño puede provocar en la persona una respuesta enojada, la justificación de sí misma...o que se encierre en el mutismo. Las opiniones y las motivaciones, que pueden estar bastante lejos de la verdad, se proyectan sobre el que habla. El resultado puede ser un conflicto.

3. Perfeccionismo. El perfeccionismo también puede ser causa de conflicto. Un perfeccionista genuino no aceptará la responsabilidad de nada que no sea perfecto. No puede admitir haberse equivocado. Por tanto, si algo sale mal, el perfeccionista tiende a ponerse a la defensiva, a lanzar acusaciones o a enojarse. El resultado puede ser un conflicto.

4. Orgullo. Quizá la causa más insidiosa de conflicto sea el orgullo. No hay nada malo en que alguien se equivoque de vez en cuando, pero las personas orgullosas no pueden reconocerlo, les cuesta mucho decir: «Lo siento»…«Por favor, perdóname»…o «Me equivoqué». El orgulloso le pone un freno a su crecimiento personal, ya que éste se deriva en gran parte de lo que aprendemos de nuestros errores. El orgulloso vive en un mundo en el que se siente impulsado a defender y mantener su posición de «número uno», y eso siempre trae como resultado el conflicto con otros.

USTED NO PUEDE CAMBIAR TODAS LAS CAUSAS DEL CONFLICTO

Permítanme apuntar rápidamente que no puede ayudar a quien no desee ser ayudado. No puede obligar a un perfeccionista a que cambie de forma de ser. No puede forzar a un orgulloso a que deje su orgullo. No puede hacer que alguien trate de sanar sus emociones heridas si esa persona no quiere hacerlo o no ve la necesidad de ello. No puede empeñarse en que otra persona deje a un lado el odio, el resentimiento y la amargura. No puede exigirle a nadie que perdone. Concluyendo, no puede cambiar las causas de conflicto o borrar todo tipo de crítica.

En vez de frustrarse por no poder «arreglar» a la otra persona en el momento del conflicto, enfóquese en lo que se puede hacer para avanzar juntos de forma pacífica. No acuse a la otra persona de ser orgullosa, perfeccionista, o de estar enferma emocionalmente, pues una acusación así sólo conseguirá acrecentar el problema. En lugar de eso, enfóquese en lo que puede hacer solo.

NUESTRA RESPUESTA PERSONAL INTERNA

Hay por lo menos diez cosas que puede hacer para crear una respuesta positiva a un conflicto y para preparar la escena para una resolución pacífica. Se trata de cosas que puede hacer usted solo, sin participación de la otra persona del conflicto:

1. Evite las respuestas enojadas. Manténgase tranquilo. Independientemente de lo que diga o haga la otra persona, no levante nunca el puño, ni deje que su frustración estalle. Si es rápido en subir al tren del enojo, ¡trate de quedarse en el andén!

2. No trate de defenderse a sí mismo inmediatamente. Deje esfumarse antes toda crítica y toda ira. Puede que más adelante tenga que explicar sus razones, pero hasta que llegue ese momento, permanezca tranquilo. Cuando le llegue la hora de defenderse pídale al Espíritu Santo que le indique qué decir. Jesús les prometió a sus discípulos: «El Espíritu Santo os enseñará en la misma hora lo que debáis decir» (Lucas 12.12).

3. Pídale al Espíritu Santo que selle sus labios y ponga un centinela en su boca. En tiempo de conflicto, ore igual que lo hizo David:

Pon guarda a mi boca, oh Jehová;
Guarda la puerta de mis labios (Salmo 141.3).

4. Si después de reflexionar con calma, aún sigue perplejo, sin saber qué fue lo que causó el conflicto, pídale al Espíritu Santo que le revele la causa. Uno de los dones que el Espíritu Santo les otorga generosamente a quien se lo pide es el discernimiento. El Espíritu Santo no quiere que ande confuso o perplejo, sino quiere que usted sepa todo lo que necesita para responder a alguna situación con amor, gozo, paciencia, amabilidad, misericordia y templanza.

5. Independientemente de cómo haya surgido el conflicto, hay que considerar que viene de Dios. No quiero decir que el Señor lo envió o lo causó, sino que lo permitió. Y por tanto, viene de Él con un propósito para nuestra vida. Ese propósito es en última instancia para nuestro bien, para afinarnos, fortalecernos, prepararnos y aprender. Si considera que el conflicto tiene un propósito divino, es menos probable que flagele a la otra persona. En vez de eso, va a estar más dispuesto a olvidar, va a ser más lento en reaccionar, y más dispuesto a introducir cambios en su actitud y su comportamiento.

6. Pregúntele al Espíritu Santo: «¿Fue por culpa mía?» Pídale también que le explique exactamente cuál fue su parte a la hora de desencadenar el conflicto. Si Él le muestra algo que usted hizo para causar o empeorar el conflicto, no huya de su responsabilidad. Admita su error, pida perdón, comprométase a cambiar su conducta. Dígale a la otra persona: «¿Me puedes hacer alguna sugerencia para evitar crear un conflicto como éste en el futuro?» Dele a la persona la oportunidad de desahogarse por completo. Y si lo hace, escúchela con atención. Puede que en sus palabras usted encuentre ayuda muy valiosa para acercarse más a Dios.

7. Perdone a la otra persona. No importa lo que haya hecho o dicho, perdónela. Como cristianos no tenemos derecho a no perdonar.

Una vez le oí a alguien decir: «Hay ciertas cosas que uno no puede perdonar». ¿Qué cosas? ¿Hay algo que Jesús no le haya perdonado a usted? ¿Hay algo que quede fuera de su poder para limpiar, sanar, restaurar o perdonar en alguien? Vuelva a considerar su propio pasado. Si Dios lo ha perdonado...Él espera que se perdone a sí mismo. Si Dios lo ha perdonado...Él espera que le extienda ese perdón a otros. Jesús dijo:

> Sed, pues, misericordiosos, como también vuestro Padre es misericordioso. No juzguéis, y no seréis juzgados; no condenéis, y no seréis condenados; perdonad, y seréis perdonados (Lucas 6.36,37).

Perdonar no significa negar que haya sido herido, ni que el tema fuera importante. Perdonar significa dejar pasar las cosas, y dejar actuar a Dios. Significa entregarle a Dios la tarea de juzgar a otra persona. Significa confiar en que Dios tratará con alguien de la forma que Él juzgue conveniente, sin que usted intervenga.

El que la otra persona nos pida perdón o no, eso no cambia las cosas para nada. Perdone. El perdón de usted no debe depender del arrepentimiento del otro.

Perdone rápidamente. Cuanto antes perdone, antes recibirá la sanidad de Dios para todo dolor que haya sentido. La Palabra de Dios nos dice:

> Quítense de vosotros toda amargura, enojo, ira, gritería y maledicencia, y toda malicia. Antes sed benignos unos con otros, misericordiosos, perdonándoos unos a otros, como Dios también os perdonó a vosotros en Cristo (Ef 4.31-32).

8. Comience inmediatamente a tratar a la otra persona con amabilidad y ternura auténticas. Busque la forma de expresar amor a la otra persona. Hable bien de ella. Trate de ayudarla. Ore por ella.

9. Aprenda algo de este conflicto. Pregúntele al Espíritu Santo: «¿Qué puedo hacer para evitar un conflicto así en el futuro?» Pídale a Dios que le enseñe lo que Él desea que aprenda, y los cambios que desea que usted introduzca en su vida.

10. Contemple el conflicto como una oportunidad de responder de la misma forma que lo haría Cristo. Pídale al Espíritu Santo que le use para ministrarle a la otra persona. El testimonio de quienes responden al conflicto de una forma acorde con Dios es muy impactante. Usted no sabe quién puede estar observando su comportamiento en una época de crisis o conflicto. Si responde sin odio, sin malicia, sin enojo o amargura, está enviando un mensaje poderoso sobre el poder del amor y del perdón de Dios, que cambian las vidas.

LAS RESOLUCIONES POSITIVAS COMIENZAN CON DECISIONES

Todas estas respuestas positivas al conflicto y a la crítica exigen que usted ponga de su parte, manteniendo la calma, evitando justificarse a sí mismo, y perdonando. Tiene que tomar la decisión de pedirle al Espíritu Santo que le dé discernimiento, guía para el futuro y habilidad para responder a la otra persona de la misma forma que lo haría Cristo. Tiene que aceptar su parte del conflicto, y aprender, crecer y cambiar.

En última instancia, la decisión que tome debe ser un compromiso a responder con sabiduría a la crítica y a los conflictos, sin dejarse llevar por el instinto. ¿Quiere usted comprometerse hoy a responder a los conflictos y a las críticas con la sabiduría divina?

CAPÍTULO DIEZ

SABIDURÍA PARA ESTABLECER LA MÁXIMA RELACIÓN

Un domingo, después del culto, el predicador invitó a pasar adelante a los que quisieran recibir a Jesús como su Salvador. Yo lo hice. Tenía doce años. En ese momento, creí de todo corazón que Jesús había muerto en la cruz por mis pecados. Creí sin ningún tipo de dudas que había tomado mi lugar, y que el sacrificio de su muerte me otorgaba redención y reparación para que yo no tuviera que pagar las consecuencias de mi naturaleza pecaminosa y no redimida. Recibí a Jesús en mi vida.

En aquel instante cambiaron completamente mi pasado, mi presente y mi futuro espiritual. Mis pecados fueron perdonados, toda mi culpa fue limpiada enteramente de mi vida, mi naturaleza espiritual fue transformada, y me aseguré un futuro eterno en el cielo.

En aquel momento establecí una relación con Dios.

TRES FASES DE NUESTRA RELACIÓN CON DIOS

Toda relación con Dios tiene tres posibles fases

PRIMERA FASE: ACEPTAR A JESUCRISTO COMO SALVADOR

El punto inicial de la relación con Dios es el momento de aceptar a Jesús como Salvador.

«Pero, ¿qué pasa con el bautismo, con asistir a la iglesia, o con tomar cursos sobre lo que significa ser cristiano?», puede que se pregunté usted. Estas ocasiones pueden marcar la relación creciente de una persona con la iglesia, o con una denominación específica, pero ninguna de esas ocasiones o ceremonias trae como resultado un cambio en nuestro espíritu, ni el regalo de la vida eterna. El Espíritu Santo no viene a habitar en nosotros y a transformar nuestra vida hasta el momento en que consciente, voluntaria y activamente reconocemos a Jesús como nuestro Salvador. Su presencia en nosotros es la que nos asegura una nueva naturaleza y la seguridad de la vida eterna, además de sellar nuestra relación con Dios.

Puede que se pregunte: «¿Quiere usted decir que yo no tengo una relación con Dios hasta el momento en que recibo a Jesús como Salvador?» Sí, eso es exactamente lo que quiero decir. Antes de recibir a Jesús estamos viviendo en un estado pecaminoso. Puede que la persona no peque descaradamente, pero su espíritu no ha sido regenerado, renovado, no ha «nacido de nuevo». Desde la caída de Adán y Eva en el huerto de Edén todos nacemos con una naturaleza pecaminosa. Y Dios no tiene relación con el pecado.

¿Cuál es la posición de Dios con respecto a nosotros antes de aceptar a Jesús como Salvador? Es nuestro creador. Nos ama. Nos extiende su misericordia y nos perdona. Muchas veces nos protege y cuida de nosotros hasta que lo recibimos. Envía al Espíritu Santo para convencernos de que necesitamos un Salvador. Pero no tiene una relación con nosotros. Al pie de la cruz es donde se establece la relación, y Dios se convierte en nuestro padre celestial, Perdonador misericordioso de nuestros pecados, y Redentor de nuestras vidas, y nos adopta como hijos y coherederos con Cristo de todas sus bendiciones.

Para mucha gente esto es una verdad muy difícil de aceptar, sobre todo para los que creen que por ser buenos y por reunir un número significativo de buenas obras ganarán el favor de Dios y entrarán en el cielo. Sea creíble o no, ésta es la verdad de la Palabra de Dios. Si usted no me cree, créale a Jesús: «De cierto, de cierto te digo que el que no naciere de nuevo, no puede ver el reino de Dios» (Juan 3.3).

Siempre me asombra que haya gente que rechace a Jesús. ¿Cómo se las arreglan cuando tienen dificultades? ¿Cómo mantienen el equilibrio en un mundo que parece estar en perpetuo caos? ¿Cómo consiguen conciliar el sueño por la noche? ¿Cómo encaran cada día con confianza?

Necesitamos que Jesús sea nuestro Salvador. Todos nacemos con una naturaleza pecaminosa que tiene que ser transformada y cambiada, y sólo Dios puede hacer ese trabajo en nosotros. Nosotros no podemos perdonarnos a nosotros mismos, ni transformarnos, ni hacer que desaparezcan la culpa y la vergüenza. Juan 3.16 declara la verdad eterna de Dios: «Porque de tal manera amó Dios al mundo, que ha dado a su Hijo unigénito, para que todo aquel que en él cree, no se pierda, mas tenga vida eterna».

Necesitamos al Espíritu Santo, a quien Dios envía para que habite en cada creyente. Necesitamos que el Espíritu Santo dirija nuestros pasos cada día, que nos ayude a tomar decisiones sabias y acordes con Dios. Necesitamos que el Espíritu Santo nos recuerde los mandamientos de Dios y la verdad de Cristo Jesús para que sepamos qué hacer y qué decir en cualquier situación en que nos hallemos. Necesitamos que el Espíritu Santo nos consuele cuando sentimos dolor y pesar. Necesitamos que el Espíritu Santo nos convenza de nuestros pecados y errores para poder arrepentirnos e introducir cambios positivos en nuestras vidas. Necesitamos al Espíritu Santo para que derrote al mal en nuestro nombre. Necesitamos al Espíritu Santo para conformarnos a la imagen de Jesucristo. Necesitamos al Espíritu Santo para alcanzar la plenitud.

Incluso si dice que no necesita a Dios, le voy a decir algo con confianza y firmeza: Sí,...usted necesita a Dios. Su vida llegará a su fin. Llegará a la eternidad ya sea como amigo o como enemigo de Dios. Tendrá que enfrentar las consecuencias de la decisión que tome con respecto a Jesucristo, el cual fue enviado a esta tierra para morir por nuestros pecados para que pudiéramos ser salvos.

La primera etapa de nuestra relación con Dios tiene lugar en un solo instante: Creemos en Jesús y le recibimos como nuestro Salvador. Él, por su parte, nos regala en ese momento al Espíritu Santo para que viva dentro de nosotros.

SEGUNDA FASE: SERVIR A JESUCRISTO COMO NUESTRO SEÑOR

Nuestra salvación sucede en cuestión de segundos. La próxima etapa de nuestra relación con Dios dura lo mismo que nuestra vida terrenal: Obedecemos y servimos a Jesús como nuestro Señor. Desde aquella mañana, cuando yo tenía doce años, hasta esta misma mañana, sigo a Jesucristo. Él es el Maestro. Es el Autor y Consumador de mi fe. Es la Fuente de todo poder, bendición y dirección que pueda haber en mi vida.

Antes de nuestra salvación servimos al diablo; ya sea de forma consciente o inconsciente, deliberadamente o no. Después de nuestra salvación se nos llama a servir al Señor Jesucristo. Se nos desafía a caminar sobre sus huellas y a llevar gloria a su nombre. El propósito de nuestra vida es ser testigos de su amor y misericordia, y conformarnos a su semejanza.

La forma principal de servir al Señor es hacer lo que nos manda. Jesús les dijo a sus discípulos:

El que tiene mis mandamientos, y los guarda, ése es el que me ama (Juan 14.21).

El que me ama, mi palabra guardará; y mi Padre le amará, y vendremos a él, y haremos morada con él (Juan 14.23).

Como el Padre me ha amado, así también yo os he amado; permaneced en mi amor. Si guardareis mis mandamientos, permaneceréis en mi amor; así como yo he guardado los mandamientos de mi Padre, y permanezco en su amor (Juan 15.9,10).

Servir a Jesús como Señor es obedecerle, someter nuestra voluntad a Él, ser sensibles a su guía diariamente, y comprometernos a seguir su voluntad para nuestras vidas.

En este punto deberíamos darnos cuenta de que no todo el que escucha el mensaje del evangelio acepta a Jesús como Salvador. Todos están invitados a aceptarlo, pero la verdad es que muy pocos lo hacen. Más aún, no todo el que acepta a Jesús como Salvador le sigue firmemente y mantiene el compromiso de servirlo. Son muy pocos los que deciden guardar sus mandamientos y servirlo de todo corazón. A todos se les ordena, se les autoriza y se les invita a disfrutar de las recompensas que se obtienen al ser un discípulo genuino y un siervo del Señor, pero no todos obedecen o deciden escuchar su voz y hacer su voluntad.

Existe una tercera fase, también accesible a todos los que sirven a Jesús como Señor. Y aquí también pasa lo mismo que con las dos primeras: no todos los creyentes llegan a esta fase en su relación con Dios. Es una decisión sabia, pero no todos la toman.

TERCERA FASE: AMAR A JESUCRISTO COMO NUESTRO AMIGO

Todos los que llaman a Jesús Señor y Salvador están invitados a ser amigos suyos.

¿Qué tipo de amigo es Jesús? Es el mejor amigo que podemos tener. Hace por nosotros lo que nadie más puede hacer, nos ayuda de formas en que nadie más puede ayudarnos, y nos ama como nadie podrá amarnos nunca.

Puede que nos resulte difícil ver a Jesús como nuestro amigo, pero a Él no. Considere las personas a las que Jesús llamó amigos.

- *Un extraño que estaba en necesidad.* En el Evangelio de Lucas leemos la historia de un hombre paralítico al que cuatro amigos llevaron a la presencia de Jesús. Estos amigos hicieron un agujero en el tejado de la casa donde Jesús enseñaba, y lo bajaron hasta Él con una cuerda. Jesús le dijo a este hombre: «Amigo, tus pecados quedan perdonados» (Lucas 5.20, NVI). Este hombre no sabía mucho sobre Jesús. No estaba en condiciones de hacer nada por Él, a lo mejor ni siquiera le dijo nada, pero Jesús lo llamó «amigo» por iniciativa propia.

- *Pecadores que buscaban un salvador.* También en el Evangelio de Lucas se nos narra un incidente en el que se criticó a Jesús por asociarse con gente a quienes los líderes religiosos consideraban pecadores. Jesús les respondió a sus críticas diciéndoles: «Porque vino Juan el Bautista, que ni comía pan ni bebía vino, y decís: Demonio tiene. Vino el Hijo del Hombre, que come y bebe, y decís: Este es un hombre comilón y bebedor de vino, amigo de publicanos y de pecadores» (Lucas 7.33,34).

A Jesús no le asustaba asociarse con los marginados por la sociedad. No buscaba amigos perfectos, sino que hacía amigos entre personas imperfectas. Tocaba sus vidas, y como respuesta a eso se creaba un vínculo. Más tarde Juan escribió acerca de Jesús: «Nosotros le amamos a él, porque él nos amó primero» (1 Juan 4.19).

- *Seguidores de la multitud.* En el Evangelio de Lucas, capítulo 12, Jesús criticó la hipocresía de los fariseos. Le dijo a la gente que lo seguía: «Mas os digo, amigos míos: No temáis a los que matan el cuerpo, y después nada más pueden hacer. Pero os enseñaré a quién debéis temer: Temed a aquel que después de haber quitado la vida, tiene poder de echar en el infierno; sí, os digo, a éste temed» (Lucas 12.4-5). Jesús consideraba amigos a todos lo que lo seguían, y eso seguramente nos incluye a nosotros.

- *Un colaborador cercano.* En el Evangelio de Juan leemos la historia de Jesús que resucita a Lázaro de entre los muertos. La historia comienza cuando Jesús recibe la noticia de que Lázaro está enfermo. Sin embargo, demoró dos días su llegada, y entonces dijo a sus discípulos: «Nuestro amigo Lázaro duerme, mas voy para despertarle» (Juan 11.11).

Jesús visitó a Lázaro, el hermano de María y de Marta de Betania, en numerosas ocasiones. Jesús se consideraba amigo de Lázaro, aun cuando éste no era uno de los doce apóstoles ni un seguidor cercano de su ministerio en Galilea, donde Jesús pasó la mayor parte de su tiempo.

• *Un discípulo que lo traicionó.* En el huerto de Getsemaní Judas se acercó a Jesús para traicionarlo, y Jesús le dijo cuando lo besó: «Amigo, ¿a qué vienes?» (Mateo 26.50). Sí, Jesús llegó a llamar amigo al hombre que lo traicionó.

Es decir, si Jesús llama «amigos» a conocidos superficiales, sanos o enfermos, pecadores reconocidos, seguidores de la multitud, e incluso a un discípulo desleal, seguro que usted también está cualificado para ser amigo de Jesús. Jesús nos ve a todos como amigos potenciales; desea ser nuestro Amigo incluso si nosotros no aceptamos su amistad.

Jesús les ofrece su amistad a todos los que deseen seguirle. En la noche antes de ser entregado y crucificado, Jesús se reunió con sus discípulos más cercanos en el aposento alto y les dijo estas palabras:

Este es mi mandamiento: Que os améis unos a otros, como yo os he amado. Nadie tiene mayor amor que este, que uno ponga su vida por sus amigos. Vosotros sois mis amigos, si hacéis lo que yo os mando. Ya no os llamaré siervos, porque el siervo no sabe lo que hace su Señor; pero os he llamado amigos, porque todas las cosas que oí de mi

Padre, os las he dado a conocer. No me elegisteis vosotros a mí, sino que yo os elegí a vosotros, y os he puesto para que vayáis y llevéis fruto, y vuestro fruto permanezca; para que todo lo que pidiereis al Padre en mi nombre, él os lo dé. Esto os mando: Que os améis unos a otros (Juan 15.12-17).

Si usted es seguidor de Jesús, hoy día Él le está llamando a ser su amigo.

Nuestro nivel de aceptación determina nuestro nivel en la relación

Si nunca ha recibido a Jesús conscientemente...¿por qué no hacerlo hoy? Si nunca ha recibido al Espíritu Santo...¿por qué no hacerlo hoy? Si nunca ha recibido a Jesús como amigo...¿por qué no hacerlo hoy?

El mismo nivel que elija para su relación con Dios es el nivel en que el Señor se le revelará y le otorgará sabiduría.

Características de la amistad con Jesús

Le voy a indicar cuatro razones diferentes por las que Jesús es verdaderamente el Amigo por antonomasia en nuestras vidas.

1. Amor que se sacrifica

La principal característica de la amistad de Jesús es su amor, que llegó al sacrificio. A lo largo del tiempo se han contado muchas historias de gente que sacrificó su propia vida para salvar a otros. Hay soldados que se han arrojado a campos de minas o que han recibido balas para salvar a sus compañeros. Hay transeúntes que se han lanzado a fuegos terribles, o delante de vehículos y trenes que pasaban. Hay personas que se han arrojado a aguas con remolinos, o que se han metido en situaciones altamente peligrosas para salvar a personas totalmente desconocidas. La mayoría de estas valerosas acciones, de estos ejemplos de inmolación, son actos reflejos. Mucha gente valiente que ha sobrevivido a este tipo de hazañas ha dicho: «Ni me lo pensé, fue una respuesta espontánea. Hice lo que mi instinto me indicó en ese momento».

Jesús sabía muy bien lo que hacía cuando fue a la cruz. Su sacrificio fue deliberado, y tuvo un propósito y una intención. Él sabía que el plan de Dios era que ofreciera su vida para que nosotros pudiéramos recibir el perdón de Dios, ser liberados del poder del pecado en nuestras vidas, y vivir con Él para siempre.

El apóstol Pablo escribió:

Porque Cristo, cuando aún eramos débiles, a su tiempo murió por los impíos. Ciertamente, apenas morirá alguno por un justo; con todo, pudiera ser que alguno osara morir por el bueno. Mas Dios muestra su amor para con nosotros, en que siendo aún pecadores, Cristo murió por nosotros...Porque si siendo enemigos, fuimos reconciliados con Dios por la muerte de su Hijo, mucho más, estando reconciliados, seremos salvos por su vida (Romanos 5.6-8,10).

Jesús murió voluntariamente por nosotros debido a su amor infinito e incondicional. Nadie le quitó la vida, sino que la entregó voluntariamente para que usted y yo podamos ser sus amigos eternos (Juan 10.18).

Nadie puede amarnos tanto como nos amó Jesús al morir por nosotros. Alguna persona podría morir por nuestro bien o por salvarnos la vida...pero nadie más puede morir para salvar nuestra alma eterna. Ningún sacrificio que nadie pudiera hacer está a la altura del que hizo Jesús por nosotros.

2. Iniciativa constante

Jesús es quien toma la iniciativa al entablar una amistad con usted. Les dijo a sus discípulos: «No me elegisteis vosotros a mí, sino que yo os elegí a vosotros, y os he puesto para que vayáis y llevéis fruto, y vuestro fruto permanezca; para que todo lo que pidiereis al Padre en mi nombre, él os lo dé» (Juan 15.16).

Jesús no tomó la iniciativa basándose en lo que valemos, en nuestras obras o en nuestro carácter, sino que nos eligió cuando éramos pecadores. Nos eligió para salvarnos, sanarnos, restaurar nuestra relación con el Padre, y para caminar con nosotros como amigo íntimo para el resto de nuestras vidas. Nos eligió para que lleváramos a cabo sus designios y para que cumpliéramos su plan.

¿Por qué es tan importante que reconozcamos esta cualidad de nuestra amistad con Jesucristo? Porque si llegamos a pensar que somos nosotros los que iniciamos una relación con Dios Padre, Hijo y Espíritu Santo, vamos a estar esforzándonos por ganar la aprobación y la aceptación de Dios. Vamos a tratar de ganar su amistad basándonos en nuestros esfuerzos, buenas obras y abnegación.

Cuando encaramos el hecho de que Jesús fue quien inició la relación con nosotros, entonces debemos dejar a un lado el orgullo, reconociendo que nuestra amistad con Dios no es el resultado de nada que hayamos hecho o lleguemos a hacer. Tenemos que estar dispuestos a dejar a un lado nuestro orgullo y recibir con humildad lo que Él ha hecho por nosotros. Tenemos que aceptar que su muerte en la cruz fue por nuestro bien. Debemos recibirlo en nuestras vidas en la forma del Espíritu Santo. Debemos reconocer que Él fue quien pagó el precio total de nuestra amistad con Dios. Tal y como Pablo les escribió a los efesios: «Porque por gracia sois salvos por medio de la fe; y esto no de vosotros, pues es don de Dios; no por obras, para que nadie se gloríe» (Efesios 2.8,9).

Puede que usted sea quien suele tomar la iniciativa a la hora de entablar amistad con otras personas, o puede que sea lo contrario, que se quede esperando a que otros busquen su amistad. Sea como sea, no hay ningún ser humano que haga lo mismo que Jesús a la hora de tomar la iniciativa de una amistad. Las amistades humanas se establecen sobre un mutuo dar y recibir, con un cierto grado de compromiso, y con un deseo por ambas partes de expresar cuidado y preocupación por la otra persona. La amistad de Jesús con nosotros se edifica sobre el hecho de que Él da y nosotros recibimos. No hay compromiso. Él nos ama de forma incondicional, absoluta e infinita. O lo tomamos o lo dejamos. No existe un término medio. No se puede estar «casi salvo» o «salvo a medias». O aceptamos a Jesús como nuestro Salvador, o no lo hacemos.

Más aún, Jesús extiende su amor y preocupación hacia nosotros a pesar de que nuestra respuesta falle. Da sin cesar. Por mucho que sirvamos a Dios, lo alabemos, nos esforcemos por Dios, nunca llegaremos a pagarle todo lo que ha hecho por nosotros. Nunca estaremos al mismo nivel que Jesús cuando se trate de iniciar actos de amor, misericordia, perdón y gracia.

Acepte esa verdad. Alabe a Dios por el hecho de que siempre toma la iniciativa con respecto a nosotros. Alábele por el hecho de que sus misericordias sean nuevas cada mañana. Él se acerca continuamente a usted, buscando la manera de bendecirlo, guiarlo, y alentarlo (Lamentaciones 3.22,23).

3. CAMBIOS REVOLUCIONARIOS Y POSITIVOS EN NOSOTROS

Cuando nos convertimos en amigos de Jesús, algo revolucionario sucede dentro de nosotros. El espíritu, el corazón, el alma, el destino, la perspectiva de la vida y la capacidad de amar, todo eso cambia drásticamente en nuestras vidas. Nos convertimos en una «nueva creación», se nos renueva la mente, de forma que llegamos a ver las cosas de la misma manera que Jesús, sentimos las cosas como Él, y respondemos a la vida del mismo modo que lo hizo Él (2 Co 5.17 y Ef 4.20-24). Comenzamos a entender «la buena voluntad de Dios, agradable y perfecta» (Romanos 12.2).

Jesús nos da algo mucho más valioso de lo que nos podría dar ningún amigo: Nos revela la verdad sobre Dios...sobre nosotros mismos...sobre la relación que desea tener con nosotros...y sobre las relaciones que desea que tengamos con otros. Mediante su presencia en nosotros nos revela toda la verdad, y nada más que la verdad. Él es la Verdad.

Jesús nos revela cosas que no podríamos llegar a conocer de otra forma, y nos permite hacer cosas que nunca podríamos llegar a hacer con otra fuente de poder. Jesús no nos enseña sólo los mandamientos de Dios y cómo aplicarlos en esta tierra, sino que nos da poder para guardarlos y seguirlos. Les dijo a sus discípulos: «No me elegisteis vosotros a mí, sino que yo os elegí a vosotros, y os he puesto para que vayáis y llevéis fruto, y vuestro fruto permanezca; para que todo lo que pidiereis al Padre en mi nombre, él os lo dé» (Juan 15.16).

¿Qué podemos hacer para producir frutos para la eternidad? Guardar sus mandamientos y amarnos los unos a los otros al permanecer en su amor.

Estas son dos condiciones importantes que Jesús les puso a sus discípulos en su último encuentro, antes de ser crucificado. Les dijo:

Si guardareis mis mandamientos, permaneceréis en mi amor; así como yo he guardado los mandamientos de mi Padre, y permanezco en su amor (Juan 15.10).

Este es mi mandamiento: Que os améis unos a otros, como yo os he amado. Esto os mando: Que os améis unos a otros (Juan 15.12,17).

Jesús les dijo a sus discípulos, tanto con sus palabras, como por medio de su vida, lo que significa confiar en Dios en todas las cosas. Les reveló el cuadro global de la vida, informándoles sobre el cielo y el infierno y sobre las consecuencias de aceptarlo a Él como Salvador. Les enseñó a orar, a reaccionar a la persecución, a tratar el mal, a usar la fe para sanar y salvar a los que estaban en necesidad. Les reveló el futuro inmediato y les encomendó ciertas tareas, les habló de la resurrección, la ascensión y su ministerio en esta tierra cuando él regresara al hogar celestial.

Todo lo que hace falta para llevar una vida justa, pura, sensata...todo eso le enseñó Jesús a sus discípulos con sus mensajes y con ejemplos de su misma vida. Y por medio de su palabra, Jesús nos enseña que tenemos que aceptarlo, seguirlo y vivir con Él por siempre.

Si tenemos una relación con Jesús nuestras vidas toman un giro completamente diferente. Su Espíritu Santo habita en nosotros. Automáticamente nuestras vidas se alejan del pecado y caminan hacia la pureza. Comienzan a reflejar el carácter del Espíritu Santo: amor, gozo, paz, paciencia, benignidad, bondad, fe, mansedumbre y dominio propio (Gálatas 5.22,23).

Nuestros amigos pueden influir en nuestras vidas, pero ningún amigo humano puede transformar nuestra vida por dentro, como lo hace Jesús.

Y si le respondemos a Jesús con amor y dedicación, hará aumentar nuestra habilidad para amar y servir a otros. Cuanto más amor recibamos de Él, más amor tenemos para ofrecerle a otros.

Entre los cambios que Jesús trae a nuestras vidas se cuenta el tremendo desafío de llegar a ser algo más de lo que somos ahora. Jesús no es un amigo que nos abandona en nuestra debilidad, se hace el de la vista gorda ante nuestros pecados, o permite que sigamos engañados. ¡No! Nos acepta como somos, pero al mismo tiempo, nos desafía a avanzar hacia la plenitud, perfección y excelencia genuinas. Nos desafía a llegar a ser todo lo que nuestro Creador diseñó que fuéramos e hiciéramos. Nos otorga su presencia para que podamos caminar desde donde estamos hasta donde desea que estemos.

Jesús desafió a sus discípulos:

> De cierto, de cierto os digo: El que en mí cree, las obras que yo hago, él las hará también; y aún mayores hará, porque yo voy al Padre. Y todo lo que pidiereis al Padre en mi nombre, lo haré, para que el Padre sea glorificado en el Hijo. Si algo pidiereis en mi nombre, yo lo haré (Juan 14.12-14).

Jesús les enseñó a sus discípulos a aprender todo lo que el Espíritu Santo tenía que enseñarles. Les desafió a permitir que el Espíritu Santo los guiará a la verdad y les diera fuerza para convertirse en sus testigos. Jesús desafió a sus discípulos a ser perfectos (íntegros y completos), a abandonar su antigua forma de vivir y a tomar la nueva vida que quería darles.

El apóstol Pablo reiteró el desafío de Jesús al animar a los primeros creyentes a que se depojaran del «viejo hombre» y de sus «deseos engañosos», y a que se vistieran «del nuevo hombre, creado según Dios en la justicia y santidad de la verdad» (Ef 4.24).

Ningún amigo nos va a desafiar tan alto como Jesús. Ni siquiera si se trata de alguien que nos alienta para edificarnos continuamente. Ese amigo nunca puede realmente ayudarle a hacer o a convertirse en todo lo que Jesús promete ayudarle a lograr y a ser.

Jesús nos ayuda a lograr cualquier cosa que nos dice que hagamos. Es un Amigo que no sólo nos dice qué hacer, sino que nos acompaña en cada paso que damos, guiándonos y fortaleciéndonos para llevar el tipo de vida que Él mismo llevó.

4. PRESENCIA CONSTANTE

Jesús nunca nos deja ni nos desampara (Hebreos 13.5). Siempre está con nosotros. Jesús mismo dijo: «He aquí yo estoy con vosotros todos los días, hasta el fin del mundo» (Mt. 28. 20).

Por mucho tiempo que un amigo pase con usted, nunca podrá acompañarlo durante veinticuatro horas al día, siete días por semana, todos los días del año, todos los años por el resto de su vida.

Cuando se encuentre en el valle de lágrimas...allí está Él.

Cuando llegue triunfante a la cima de la montaña...allí está Él.

El viejo dicho es cierto: Cuando las cosas se ponen feas, los amigos suelen desaparecer. Pero esto nunca pasa con Jesús. Él siempre está con nosotros. Ninguna persecución o crítica, por muy intensa que sean, harán que se aparte de usted. Estará con nosotros no sólo en el momento de la muerte, sino durante ella, y también al otro lado de ella. Ningún otro amigo puede acreditarse eso.

NUESTRO AMIGO POR ANTONOMASIA

¿Quién es su mejor amigo? Por muy buen amigo que sea, hay otro mucho *mejor*. Con este Amigo nunca habrá malentendidos...nunca se sentirá decepcionado...ni abandonado o rechazado.

Jesús lo ama incondicionalmente con un amor infinito y misericordioso. Jesús lo acepta tal y como es. No espera que «mejore» antes de tener una relación con Dios. Al contrario, desea que lo reciba para que Él pueda ayudarlo en cada área de la vida.

Jesús tiene tiempo para usted. Nunca estará demasiado ocupado. Se tomará tiempo para escucharlo, independientemente de lo que quiera decirle. Jesús tiene respuestas. Por muy grandes que sean los problemas o dificultades a los que se enfrente, Jesús tiene una salida para esa situación negativa. Le hablará por medio de su Palabra y del Espíritu Santo, que nos indicará qué hacer. Jesús no sólo nos da respuestas sobre la vida, sino que se nos revela a sí mismo de buen grado. Rápidamente nos muestra su forma de trabajar, sus deseos, su gran amor por nosotros, y lo mucho que se preocupa. Responde a cualquier pregunta que tengamos sobre Él.

Jesús nos perdona. Jamás nos guarda rencor o le pone una barrera al perdón de nuestros pecados. Borra completamente nuestro pasado pecaminoso. Sólo Él puede perdonar y olvidar por completo.

Jesús nos comprende y nos cuida. No existe ninguna situación de nuestra vida que sea demasiado grande para Él, que quede por debajo de su sabiduría, de su preocupación o de sus tiernos cuidados. Jesús comprende nuestras heridas, y llora con nosotros. Comparte nuestras penas y dolores. Nunca nos abandona en tiempos de prueba o sufrimiento.

Jesús nunca nos condena por nuestros errores. Al contrario, cuando caemos, nos recoge, nos pone en pie y nos ayuda a caminar en la vida. Por medio de nuestros errores nos enseña cosas importantes para que nos fortalezcamos.

Jesús nunca deja de darse a nosotros. Continuamente busca la forma de bendecirnos y de edificarnos por dentro. Desea que seamos siempre bendecidos y prosperados en nuestro espíritu, mente, cuerpo, relaciones, situación monetaria, y en muchas otras formas (3 Juan 2). Jesús siempre desea lo mejor para nosotros. En toda circunstancia. En todo empleo. En toda relación.

Jesús nunca deja de tocarnos. Constantemente hace que otros que creen en Él se acerquen a nosotros y nos abracen, nos alienten y estén a nuestro lado. Jesús sigue vivo hoy día: vive en y por medio de sus seguidores, impulsando a la gente a hablar con nosotros, a actuar por nosotros, y a tocarnos en su nombre para que recibamos la ayuda que necesitamos.

También hay veces en que la presencia de Jesús se hace muy real, tanto que parece que está a nuestro lado, que su presencia es palpable. No nos cabe duda de que Él está con nosotros. Solamente he tenido esta experiencia tres veces en mi vida, pero cada una de ellas fue algo tan real que recuerdo exactamente dónde estaba, qué estaba haciendo y cómo sentí su presencia.

Jesús nos confronta cuando descuidamos nuestra relación con Él, lo desobedecemos o hacemos cosas que nos causan daño a nosotros mismos o a otros. Nos ama lo bastante como para corregirnos.

Jesús es completamente fiel. Cumple todo lo que dice. Puede contar con sus promesas. Su compromiso con nosotros es eterno. Todo lo que Jesús es ahora, lo será por siempre. Su amistad nunca cambia.

Jesús estará con nosotros por toda la eternidad. Ha construido un hogar celestial para nosotros, y vivirá siempre con nosotros.

¡Qué gran amigo es Jesús!

Un amor que se sacrifica.

Una iniciativa constante hacia nosotros.

Un cambio revolucionario y positivo en nosotros, y un desafío fortalecedor para perfeccionarnos y llegar a la plenitud.

Una presencia constante.

No hay ningún otro amigo que pueda hacer por nosotros lo que Jesús hizo, está haciendo y hará...no sólo hoy, sino también por siempre.

Lo que nos tenemos que preguntar es:

¿Estoy de verdad tratando de tener una amistad con Jesús?

¿Qué clase de amigo soy yo para Él?

CONCLUSIÓN

¡SIGA CAMINANDO!

Una cosa es comenzar a andar por un camino que Dios le llama a seguir, y otra cosa es continuar en ese sendero un día y otro día, un año y otro año, quizás durante décadas y para toda la vida. Una cosa es aceptar a Cristo y sentir la euforia de saber que nuestros pecados son perdonados, que estamos llenos del Espíritu Santo de Dios y que se nos llama a una nueva vida, y otra cosa es avanzar en la vida cristiana con sabiduría un mes y otro mes, problema tras problema, dificultad tras dificultad.

¿Durante cuánto tiempo debe continuar usted en las cosas a las que Dios lo llama? Hasta que Él le indique algo diferente. Usted tiene que quedarse donde está, haciendo lo que Dios le llama a hacer hasta que Él inicie un cambio.

Habrá muchas voces que lo llamen para tratar de apartarlo del camino de la sabiduría de Dios. Usted debe decirle «no» a esas voces, aun cuando la atracción sea poderosa, la tentación sea fuerte, las recompensas parezcan brillantes, o el desvío parezca fácil.

¿Qué puede hacer usted para decidir si prosigue caminando por el sendero que Dios le ha señalado? Vuelva la vista atrás y contemple sus propias pisadas. ¿Guardan las Escrituras? ¿Ha caminado usted con sabiduría? Mire al sendero que tiene por delante. ¿Conduce a la justicia y a la recompensa de Dios? ¿Es el sendero que Dios le ha guiado a tomar? Si la respuesta es afirmativa...¡quédese en el sendero!

Hágase con la perspectiva de Dios.

Haga lo que le dice la Palabra de Dios.

Siga los impulsos del Espíritu Santo.

Y usted sabrá cómo caminar sabiamente.

Decida en su corazón elegir el camino de Dios por encima del suyo propio.

Decida en su corazón confiar en Dios día a día.

Persevere en lo que Dios le indica que haga.

Y usted caminará con sabiduría...todo el camino hasta la puerta de la eternidad.

TRIUNFO SOBRE LA TRAGEDIA

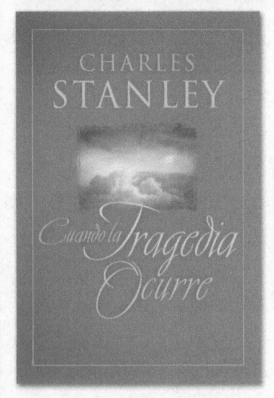

Charles Stanley
0-88113-736-7
Vida cristiana

La tragedia puede salirnos al paso y hacer añicos nuestra paz,
privarnos de nuestra seguridad y provocarnos un cortocircuito
en la fe. En este libro, el Dr. Stanley explica que una fe
inconmovible es clave para vencer el miedo y crecer en medio
del sufrimiento, la dificultad y la adversidad. Meditar y obedecer
la Palabra de Dios fortalece nuestra fe y nos ayuda a abrirnos
paso en nuestro peregrinaje cristiano.

caribebetania.com